AF346588

I. v. Schley del. et sculp. 1740.

OEUVRES
DU SEIGNEUR
DE BRANTOME:

NOUVELLE EDITION,
Considérablement Augmentée,
& accompagnée de Remarques
Historiques & Critiques.

TOME TREIZIEME,
CONTENANT
Ses Opuscules, et les
Maximes de la Guerre,
par André de Bourdeille
son Frere ainé.

A LA HATE,
Aux Dépens du Libraire,
M. DCC. XL.

OPUSCULES

DIVERS

DU SEIGNEUR DE

BRANTOME.

PREMIER OPUSCULE.

ARGUMENS

DE CE QUE CONTIENNENT LES DIX LIVRES DE LUCAIN.

I. **L**E premier contient & recite la Cauſe de la Guerre entre Pompée & Céſar ; comme il paſſe le Rubicon, & prend Reminy ; comme le Sénat s'eſtonne, & s'enfuit, ayant entendu l'Arrivée de Céſar à Rome.

Tome XIII.   A   IL LE

II. Le second contient comme César assiége Pompée dans la Ville de Brundusie, & luy donne la Chasse, & le met en Fuitte.

III. Le troisiesme exalte & loue aucuns grands Capitaines des Armées; conte aussi comme César met la Main sur le Thrésor public, & s'en fait accroyre à bon escient; & comme il assiége Marseille.

IV. Le quatriesme raconte comme il combat Affranius, & Petreius, deux Capitaines Pompeïans, & les met en Fuitte, puis les contraint à telle Faim & telle Soif, qu'ils se rendent à luy.

V. Le cinquiesme représente Pompée gouvernant Rome; Appius craignant pour luy-mesme; la Sédition punie; César abandonnant la Ville; & ses Plaintes contre Marc-Antoine.

VI. Le sixiesme conte comme Pompée est assiégé dans son Camp, près d'Epidaure; de grandes & longues Tranchées que fit faire César; & là introduit aussi Cneus Pompeius, Fils du grand Pompée, aller à une Devineresse Thessalicque, pour invocquer quelques Umbres & Manes, rentrans dans les Corps humains,

pour

pour sçavoir quelle Fin ceste Guerre prendoit.

VII. LE septiesme raconte & contient la derniere Fin & totale Catastrophe du pauvre Pompée par la Bataille de Pharsalle, & sa Fuitte en Egypte.

VIII. LE huitiesme raconte la Mort de Pompée en Egypte, & la Trahyson qu'on luy usa, & en deplore la Façon de Mort si misérable.

IX. LE neuviesme raconte comme Caton, ayant recueilly les pauvres Bandes restées de l'Armée deffaicte, s'enfuit, & se retire en Lybie, dont il descrit les divers Genres de Serpens qu'il y trouva, & les Remedes contre leurs Morsures & Venins.

X. LE dixiesme déclaire l'Arrivée de César en Egypte, son Entreveuë & de la Reyne Cléopatre, le superbe Festin qu'elle luy fait, ses Pompes & Magnificences. Recite aussi les Mysteres de la Religion des Egyptiens, leurs Dieux, leurs Façons, & la Source du Nil, son Desbordement, & son Resserrement dans son Lict. Raconte aussi les Menées de Photinus, contre la Vie de César, & comme il se sauva à grand Hazard & Merveille.

SE-

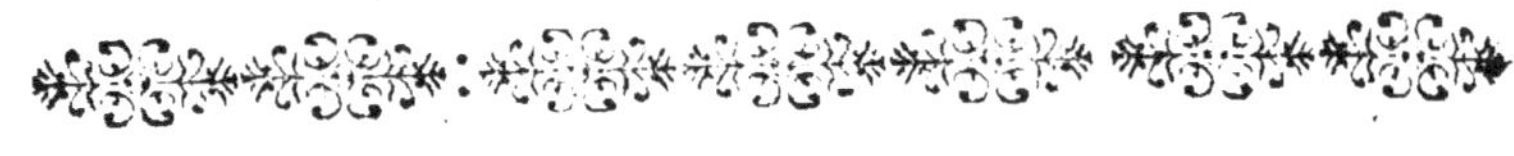

SECOND OPUSCULE.

COMMENCEMENT DU PREMIER LIVRE DE LUCAIN, POETE LATIN, ET CHEVALLIER ROMAIN,

Que j'avois accommencé , mais je l'ay laiſſé imparfait.

NOUS chantons icy les Armes & les Guerres plus que Civiles, qui furent faites és Champs Emathiens de Pharſalle , enſemble une Cauſe & un Droit donné & abandonné à tout Vice & Meſchanceté, un Peuple auſſi très-puiſſant , qui a tourné ſa Dextre victorieuſe contre ſes propres Entrailles. Nous chantons pareillement les Trouppes entre elles apparentées & très-alliées , bandées à outrance les unes contre les autres , & contre le Malheur de tout un Public, & de tout l'Univers , Enſeignes contre Enſeignes toutes ſemblables , Aigles contre Aigles tous pareils , & meſmes Armes & Dards contre meſmes Armes & Dards, ſe menaçans & ſe tuans les uns les autres !   MAIS,

MAIS, dites, Citoyens, quelle Rage vous à eſmeus d'avoir mis les Armes en Main de l'Eſtranger & du Barbare, pour eſpandre le Sang Romain, qui d'ailleurs l'aymoit aſſez ſans l'y attirer davantage ; & meſmes aſt-heure (1) qu'il falloit oſter & ravir à la ſuperbe Babylonne les Deſpouilles & les Enſeignes dont elle triumphe, & que l'Umbre vagabonde de Craſſus ſoit ſans Sépulture & Vengeance? Il vous a pleu maintenant faire la Guerre, qui ne vous rapportera pas de grands Triumphes ny Trophées : & combien pouviez-vous par vos Mains & vos Eſpées civiles, (qui ont tant eſpandu & tiré de Sang) conquérir de Terres & de Mers, fuſt aux Régions d'où vient le Soleil, fuſt en celles ou la NuiÉt cache ſes Eſtoilles?

(1) à cette heure.

 TROI-

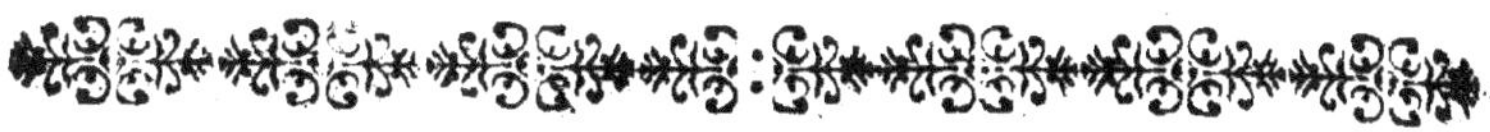

TROISIESME OPUSCULE.

EPITRE DEDICATOIRE A

MARGUERITE DE VALOIS,

REYNE DE

FRANCE ET DE NAVARRE,

SUR LES

HARANGUES SUIVANTES.

M ADAME,

Dernierement, que je Vous estois allé faire la Révérence à Usson, j'eus eest Honneur d'entrer dans Vostre Salle, & Vous voir manger tous les Jours, où je notay une Chose très-louable, que je ne Vous ay jamais veu faire Repas, que, devant Vostre Table, vous n'eussiez de fort honnestes Gens & sçavans, lesquels Vous mettiez tousjours sur quelques beaux Discours, Disputes, & Propos non communs; si que je n'ay
ja-

jamais veu les Tables des Roys Vos Freres mieux remplies & garnies de ces beaux Mets, que la Voſtre : & ce qui eſtoit le plus beau, & plus à priſer, c'eſt que vous préſidiez par deſſus, & en diſiez Voſtre Advis, & donniez Voſtre Sentence, par de ſi beaux & briefs Mots, que j'entray en Admiration de Vous, de Voſtre Sçavoir & beau Dire, plus que je ne fis jamais.

Or, un Jour, entre autres Diſcours, que l'on ſe mit à parler de Jules Céſar, de ſes Louanges & de ſes beaux Faicts, Vous en prinſtes la Parole, & l'allaſtes exalter par de ſi gentils, & briefs Mots, qu'ils peſoient, & portoient plus de Coup, que cent longs Diſcours que d'autres en euſſent ſçeu faire. Entre autres, en deſapprouvant & taxant fort les Meurtriers qui l'avoient mis à Mort, fut ceſtuy-cy, & le dernier : Car, diſtes-vous, la plus belle Gloire qu'eurent jamais les Romains, Céſar la leur avoit acquiſe, & Céſar eſtoit digne plus que de Rome. *Voilà vos propres Mots, & très-beaux certes. Sur leſquelles Louanges je me mis à traduire en Proſe Françoiſe la Harangue que ce grand Capitaine fit le Jour avant la Battaille de Pharſalle, enſemble celle de*

A 4

Pompée

Pompée, que ce grand Poëte Latin, &
Gentil-Chevallier Romain de son Temps,
Lucain, a faite dans le septiesme de
son Livre.

Je ne sçay, Madame, si Vous les avez
jamais veues; mais, à tout Hazard, je
Vous les desdie, & croy que Vous en
admirerez les Paroles, & l'Asseurance
de laquelle César les proféra, qui sen-
toit bien certainement son Homme brave
& courageux, & nullement saisy de
Peur; si qu'elle donne Lustre à celle
de Pompée, qu'on diroit qu'elle sent son
Homme timide, qui s'advance à sa Ruyne & la présage; mais, pourtant,
il fait de l'asseuré, & monstre bonne
Mine, ainsi que l'on a veu, & voit-
on, plusieurs Capitaines, & grands,
& petits, & autres, avant aller aux
Combats, en telles Alteres, contrefaire
des Braves, & tenir belle Contenance.

Voilà, pour ce Coup, en cecy, la
Différence de César & Pompée. Aussi
l'un demeura victorieux & l'autre vaincu,
ainsi que la Fortune ayde aux Braves &
Courageux; sans que je veuille pourtant
toucher l'Honneur de Pompée, ny à
ses beaux Exploicts qu'il a faits en sa
Vie: mais aussi il faut penser & considérer les Ennemis avec lesquels il avoit

eu

•eu Affaire d'autres fois; & César, & ſes vaillants Soldats, à ceſte Heure-là, & ſa derniere.

Or, Madame, en liſant ce Lucain & meſmes ces Harangues, qui me ſemblent très-belles, je me ſuis eſtonné cent fois, que tant de nos ſçavants Poëtes François, qui ont tant fait des galants, ne ſe ſont meſlez de le traduire & tourner en François, auſſi-bien qu'ils ont fait Virgile, & autres Autheurs. Je n'en puis excogiter une ſeule Raiſon, ſi-non qu'ils l'ont trouvé un peu difficile; ou bien, qu'ils l'ont tenté, & trouvant le Fardeau trop peſant, l'ont auſſi-toſt laiſſé & jetté en Terre : dont c'eſt Dommage ; car, les Livres en ſont très-beaux, & les ay veus eſtimer à de ſçavants Perſonnages, plus que ceux-là de Virgile.

Mais, ce n'eſt pas tout ; voicy le meilleur : car, ainſi qu'il ſe trouve par eſcrit, le-dict Lucain n'en put faire & parfaire que quatre ou cinq Livres, d'autant que la Mort le prévint, & luy empeſcha l'Achevement : mais, ſa Femme, Gentille-Dame Romaine, belle, honneſte, vertueuſe, fort ſçavante, le ſurvivant, ſuivit ſes Erres, & ſes beaux Deſſeins, après en avoir veu ſes Mémoires, & ſçeu ſes Conceptions, mit

la Main à la Plume, & en parachevä
l'Oeuvre tout entier. Grande Gloire
certes, & digne Mémoire d'une ſi
bonneſte Dame ; & ces Livres parache-
vez d'elle fort à priſer, enſemble ces
deux Harangues ! Si que, généreuſe
qu'elle eſtoit, elle monſtroit bien qu'elle
aymoit ſon ſemblable Céſar généreux.

Sur ce, Madame, j'ay ſouvent fait
un Souhait de pouvoir traduire ces Livres de Lucain en Langue Françoiſe :
j'entends en Proſe, ainſi qu'a fait Vige-
naire ſa Delivrance de Hieruſalem ;
car, autrement, je ne ſçaurois, ny ne
ſeroient auſſi ſi beaux ; & comme j'ay
fait ces deux Harangues, & en penſe-
rois venir à bout, & à mon grand
Honneur, ſi je pouvois embrumpter de
Vous, pour quelque temps, voſtre divin
Eſprit, & Voſtre beau Parler, avec
l'Ayde de quelcun qui fuſt meilleur Latin que moy, car il y a des Paſſages
très-difficiles. Je ne les deſdierois à
autre qu'à Vous, Madame ; afin qu'il
fuſt dit : Un Gentil-Cavallier Romain,
& une belle & bonneſte Gentille-Dame
Romaine, ſa Femme, les ont faits en
Latin, & un Gentil-Homme François
les a traduicts en ſa Langue, pour les
deſdier à une Reyne, la Merveille du
Monde.   Or,

Or, toutes mes Forces n'eſtant aſſez
baſtantes pour attenter ſi haute Entrepriſe; je me contenteray de l'avoir de-
ſirée. Ainſi que je deſire, Madame,
Vous faire paroiſtre par mon très-humble Service, que je ſuis à Perpetuïté,

Voſtre très-humble & très-obéyſ-
ſant Subject, & très-affec-
tionné Serviteur,

BOURDEILLE.

QUATRIESME OPUSCULE.

AVERTISSEMENT.

HARANGUE

MILITAIRE ET SOLDATESQUE
DE CESAR, QU'IL FIT A SES
GENS, LE JOUR AVANT LA
BATTAILLE DE PHARSALLE.

J'AY traduiƈt les deux Harangues
ſuivantes tellement quellement, &

au

au plus près, selon mon Humeur, du
VII Livre de Lucain, ce grand
Poëte Latin; ou, pour mieux dire,
représentée & descrite par la Femme
du-dict Lucain : car, il se trouve, qu'il
mourut après avoir fait & parfait seulement cinq ou six Livres de tout son
Oeuvre, & que son honneste Femme,
le survivant, & suivant les Erres &
les beaux Desseins de son Mary, qu'elle en avoit compris & veu ses Mémoires, paracheva tout l'Oeuvre entier.
Grande Gloire certes, & digne Mémoire de ceste honneste Dame, & d'autant les-dictes Harangues plus à pri-
ser !

HARANGUE DE CE'SAR.

FORME D'ARGUMENT.

APRÈS que César eu senty quelques
Rencontres dernieres entre luy &
Pompée, & recognu qu'une Ruyne
panchoit, & estoit preste à tumber sur
un des deux, il y songea, & quasi ceste

Rage

Rage animée à la Battaille s'attiédit un peu en luy, & son Courage, hardy à se promettre des heureux Evénemens, s'arresta quelque peu aussi en Doute; bien que ses Destinées ne luy promissent d'appréhender rien de Mal pour luy, ny esperer rien de Bon pour Pompée. Ayant enfin plongé sa Crainte, il se résout au Combat, & d'une belle Disposition & Asseurance, Harangue ainsi ses Gens.

SOLDATS, qui jusques icy estes soubs moy Dompteurs du Monde, de la Fortune, & de mes Affaires, voicy venue l'Heure que nos Souhaits sont parfaits, & venue l'Occasion de donner la Battaille que nous avons tant desirée, & demandée. Il n'est meshuy besoing de rien plus souhaiter. Il ne faut qu'advancer la Mort à nos Ennemis avec vos Armes, sans rien temporiser. Vous sçavez qui est César, & qu'elle est sa Prouesse. C'est aujourd'huy le Jour-mesme, dont bien m'en souviens, que vous me promistes sur le Rivage du Rubicon, que ne permettriez, qu'à vous, ny à moy, on nous ostast les Triumphes qui nous estoient, par nos Valeurs, Peines, &

Travaux, juftement deubs. C'eft le mefme Jour aujourd'huy, qui nous rendra nos Dieux, nos Femmes, nos Enfans, nos Familles, nos Biens, & les Ames de nos Amis ; & vous rendra Manans, Habitans, & Concitoyens de noftre Ville, & deformais francs de toute Guerre, & de tout Mal. C'eft le mefme Jour encore, qui, avec le Deftin, fera tefmoing, & prouvera lequel aura pris plus juftement les Armes. Celuy, qui fera vaincu en cefte Journée, aura le Tort, & faira cognoiftre fi vous avez couru fus à votre Patrie à Feu & à Sang par jufte Caufe.

Soyez, je vous prie, furieux & terribles au Combat, & delivrez vos Armes & Efpées de toute Coulpe & Reproche. Il ne va rien en cecy du mien, ny de mon Intéreft. Je fuis preft de vivre fans aucune Charge, Authorité, ny Magiftrature deformais, & vivre en Privé & Plebeyen ; mais que vous autres demeuriez libres & francs, & qu'ayez Pouvoir fur toutes Nations de l'Empire, & que tout vous foit permis & licite, comme vous l'avez bien merité.

Je m'affeure, que vous n'acheterez

pas

pas à grands Fraix de Sang l'Eſperance du Monde. Il ſe rencontrera devant vous une certaine Jeuneſſe de Grece, qui ne ſçait que c'eſt de Guerre, ny porter Armes, ny aucun Ordre de Battaille, avec une Confuſion de Langages d'un divers Amas d'Eſtrangers, que c'eſt Pitié, & auſquels leur ſemble que leurs Crys & Hurlemens ſoient Dangers. Tant s'en faut, que, lorſque les Trompettes ſonnent, & les Trouppes s'esbranſlent, pour aller au Combat, tremblent de Peur, & ſongent à la Fuitte. Peu de Gens combattront contre vous autres, & demeſleront ceſte Guerre Civile.

MESLEZ-vous hardyment parmy ces Peuples & Royaumes ſi laſches : & d'abord abattez tout le Monde ; & qu'on ſçache, que Pompée, qui a mené ces Nations par Rome avec tant d'Attellage, n'en a dignement merité un ſeul petit Triumphe. Et cuydez-vous bien, qu'un Armenien, ou un autre Barbare, ſe ſoucye qui ſoit Capitaine ou Général de l'Armée Romaine, & qu'il vouluſt, d'une ſeule Goutte de ſon Sang, racheter Pompée, ny l'Eſtat Romain ? Ils hayſſent trop les Romains, & tous ceux qui les veulent dominer. LA

LA Fortune m'a mieux favorisé; car, elle m'a mis entre les Mains des miens & de mes Amis, certains & asseurez; la Valeur desquels j'ay cognue & experïmentée en mille Hazards & autant de Rencontres, en la Gaule. Il n'y a Soldat parmy vous, duquel je ne cognoisse l'Espée, ny le Dard, quand il le met au Vent: & si ne faudray de guieres à cognoistre de quelle Main, & de quel Bras le Coup aura esté porté.

JE prends Pied aux Signes, qui jamais n'ont failly, ny faillent, à vostre Général. Si je regarde seulement vos Visages, & vos Yeux tous pleins de Menaces, les Ennemis sont à vous, & me semble d'en voir des Rivieres de Sang, & ensemble plusieurs Roys, & le Corps du Sénat, foulez aux Pieds, & estendus par Terre, & les autres nageans, & flottans à grands Monceaux dans leur Sang espandu de toutes Parts.

MAIS, je retarde trop mon Heure & mes Destinées, & fais mal, soubs mes Discours & Entretiens, de vous arrester & retenir tous courans au Combat.

PARDONNEZ-MOY pourtant, Soldats,

ſi je ne vous y mene, bien que jamais
je ne ſenty les Dieux qui me pro-
miſſent plus grande Choſe. Nous ne
ſommes plus guieres eſloignez d'un
grand Intervalle de Chemin, ny de
Campaigne, pour en venir là. Je me
ſens celuy, qui, à la Fin de Mars,
eſpere avoir Liberté, & Pouvoir de
donner ce que les Peuples, & les
Roys, ont en leurs Mains & Puiſſance.

O Dieux ! par quelle Influence &
Mouvement du Ciel & des Aſtres
permettez-vous tant aux Terres Theſ-
ſalicques ? Nous acquerrons aujour-
d'huy le Loyer de la Guerre, ou la
Peine. Jettez un peu les Yeux ſur les
Geſnes de Céſar, regardez ſes Chaiſ-
nes, & ceſte Teſte attachée ſur le plus
haut des Roſtres, & ſes Membres deſ-
membrez. S'il nous baſte mal, nous
avons la Guerre Civile avec un Capitaine cruel, Partiſan de Sylla, cruel
auſſi-bien que luy. Je m'afflige fort
pour vous autres. Car pour moy,
mon Sort acquis par ma Main, m'eſt
tout aſſeuré, & mourray avant que
demander la Vie.

Dieux ! qui, pour tout cet Univers,
& pour la grande Cité de Rome, par
grande Compaſſion, avez quitté le Ciel,

ce luy

celuy qui ne cuyde qu'il ne ſoit très-
neceſſaire de tirer ſon Eſpée contre
ſes Adverſaires, qu'il ſoit vaincu, &
demeure tel au Champ de Battaille.

Lorsque Pompée a tenu vos Bandes à deſtroit, deſquelles la Vertu eſtoit empeſchée à ſe remuer, de combien de Sang ſouilla & ſaoula-t-il ſon
Eſpée & ſes Armes. ?

Toutes-fois , je vous prie , Soldats nouveaux , de cecy, que nul de
vous veuille frapper le derriere de
l'Ennemy. Celuy , qui prendra la Fui-
te devant vous , je veux qu'il ſoit
tenu Bourgeois & Citoyen de noſtre
Ville ; mais, tant que les Armes ſeront au Vent, & qu'on vous fera Teſte , nulle Image de Pitié vous ſoit re-
préſentée ; non pas vos Peres rencon-
trez Face à Face vous eſmeuvent. De-
figurez-moy le Viſage que plus vous
reſpecterez : n'eſpargnez Freres , ny
Parens ; tuez tout. Je prends tout le
Blaſme ſur moy.

Or ſus, abattez-moy ces Tranchées,
& empliſſez-en les Foſſez des Ruynes,
afin que les Trouppes en ſortent en
plus belle Ordonnance : n'eſpargnez pas
meſmes les Tentes. Vous camperez
bien-toſt en celles , & dans les Tranchées,

chées, d'où sortent ces Bandes qui viennent à vous pour se perdre.

CINQUIESME OPUSCULE.

HARANGUE

DE POMPE'E SUR LE POINCT DE LA JOURNE'E PHARSALIQUE, TIRE'E DU MESME VII. LIVRE DE LUCAIN, COMME L'AUTRE PRECEDENTE.

FORME D'ARGUMENT.

Soudain que Pompée eut descouvert l'Armée de l'Ennemy sortir du Camp droit à luy, & qu'il n'y avoit plus Lieu ny Moyen de temporiser, ny de s'en desdire, & que le Jour estoit agréable aux Dieux, il se sent le Cœur aucunement froid & glacé, voire es-
perdu,

perdu, qui fut un mauvais Préfage à un fi grand Capitaine d'apprébender les Armes qu'il avoit veu fi fouvent reluire. Toutes-fois, il couvre fa Peur par certaine belle contrefaicte Contenance, &, monté fur un Cheval haut & grand à l'Advantage, harangue ainfi les fiens.

SOLDATS, le dernier Jour des Guerres Civiles, que voftre Vertu a tant recherché, & que vous avez tant demandé, eft venu. Desployez maintenant toutes vos Forces. Il ne refte plus rien que cefte derniere Bofoigne de vos Mains, & une feule Heure emporte tout l'Univers au Péril, ou l'en retire.

QUICONQUE defire fa Patrie, fes Dieux familiers, fes Enfans, fa Femme, & fes plus chers Gages abandonnez, qu'il les cherche avec l'Efpée. Dieu a tout mis au Milieu de ce Champ.

NOSTRE meilleur Droit nous commande d'efperer les Dieux à nous tous favorables. Ils guyderont nos Dards dans les Entrailles de Céfar, & eftabliront les Loix Romaines. S'ils apreftoient une Donnation de Royaumes,

mes, & du Monde à mon Beau-Pere, ils pourroient hafter & advancer ma Vieilleffe à la Mort. Ce n'eft le Faict des Dieux courroucez de conferver Pompée à la Ville & fon Peuple.

Nous avons rapporté tout ce que nous avons pu pour vaincre. Les Nobles, de leur bonne Volunté, s'y font expofez librement; & les vieux Soldats ne s'y font non plus efpargnez. Si les Dieux vouloient faire revenir en ces Temps les Curies, les Camilles, les Décies, qui fi voluntairement fe font prefentez à la Mort pour leur Patrie, ils feroient maintenant de noftre Party.

J'ay affemblé tous les Peuples du haut Orient, & des Villes, qu'on n'en fçauroit nombrer les Forces qui en font eftées tirées pour venir à cefte Battaille, que jamais on n'en a tant veu fortir. Nous nous fervons de tout le Monde, dont nous avons fait Reveuë de l'Autain & de la Bize. Hé! ne mettrons-nous pas donc nos Ennemis au Milieu de nous, renfermez de nos Aifles qui fondront fur eux? La Victoire ne demande pas grandes Forces;

mais,

mais, les grandes Trouppes efpouvantent fort, & de leurs Crys font un grand Effort de Guerre. Enfin , Céfar n'eft pas baftant pour nous.

CROYEZ, que les belles Dames Romaines , avec leurs beaux Cheveux efpars, advancées pour vous regarder de-là jufques icy fur les Murailles de Rome, vous exhortent au Combat.

CROYEZ, que le Sénat ancien, qui pour fon Vieil Age & caffé , exempt de porter les Armes, profterne à vos Pieds fon Chef blanc & vénérable ;& que tout Rome, craignant & abhorrant la Tyrannie, vient au-devant de vous pour vous recueillir.

CROYEZ auffi, que le Peuple qui eft à prefent, & celuy qui eft à venir , rapporte fes Prieres meflées enfemble pour vous; car, l'un veut naiftre libre, & l'autre veut mourir franc.

S'IL y avoit quelque chofe en moy digne pour vous faire Prieres après de fi grands Gages ; avec mes Enfans, & ma Femme, s'il m'eftoit auffi permis, fans offenfer la Majefté de l'Empire, humble je m'eftendrois à vos Pieds pour vous fupplier davantage, & de vous monftrer encore
comme

comme avecques moy autres fois vous
avez eu Part en mes Conquestes.

Si vous n'estes victorieux maintenant, vostre grand Pompée est vaincu & banny, Mocquerie de son
Beau-Pere, & vostre grand Vitupere.
Je deteste ma derniere Fatalité. Jà
n'advienne que j'apprenne à servir en
mon vieil Age.

SIXIESME OPUSCULE.

COMPARAISON DES DEUX

HARANGUES PRECEDENTES.

Il semble que les Paroles de l'un
& de l'autre de ces Capitaines
soient fort dissemblables, bien qu'elles soient braves & superbes. Toutes-fois, on diroit que celles de Pompée sont prononcées de quelque certaine Peur, & d'une mauvaise Pro-
nostique de son propre Malheur, &
de son Armée. Cela est advenu
souvent à plusieurs grands Capitaines, qui, contrefaisans des Gallands,
& faisant bonne Mine, sont descou-
verts

verts par Gens d'Esprit en leurs Paroles, Contenances, & Gestes. Je m'en rapporte aux plus braves Discoureurs, & à ceux qui se sont trouvez en telles Affaires.

IL n'y a qu'une Chose, si me semble, qui manque en ceste *Harangue de César*, qu'il devoit toucher quelque Mot des Dames, comme fait Pompée ; puis qu'il n'y a rien qui tant anime un Courage, que les Dames & leur Amour : ainsi que ce grand Philosophe desiroit une Armée, ou pour le moins, une Bande d'Amoureux, lesquels, si luy sembloit, fairoient Rage de combattre plus que les autres.

DONC je m'estonne que César fut court en cela ; car, le bon Empereur, & bon Compaignon qu'il estoit, il n'estoit nullement Ennemy des Dames, ny de leur Accointance. Tesmoing le Sobriquet que luy donnérent ses Soldats marchans en Triumphe avecques luy, ainsi que tout leur estoit permis ce Jour-là : *Romani, Servate Uxores, Mæchum calvum adducimus.*

c'est-à-dire :

Romains, Serrez & gardez bien vos Fem-

Femmes, si vous voulez; car nous amenons avec nous ce grand Adultere le Chauve. Par-là les advertissant de bonne Heure, qu'il les desbaucheroit toutes. Voilà de bons Advertissemens, & à eux une Obligation bien grande pour Messieurs les Marys.

SEPTIESME OPUSCULE.

EPITRE DEDICATOIRE

A TRES-HAUTE, ET TRES-GRANDE PRINCESSE, LA REYNE MARGUERITE, FILLE DE FRANCE, MA TRES-ILLUSTRE DAME ET MAISTRESSE, SUR LA HARANGUE SUIVANTE.

MADAME,

Je vous envoye encore ce second Eschantillon, que j'ay traduit en François, du dixiesme Livre de Lucian, ou plustost de son honneste Femme Polla Argentaria, Gentille-Dame

Tome XIII. B *Ro-*

Romaine, & l'une des plus accomplies en Beauté & Vertus, qui fuſt de ſon Temps, comme je vous ay dit ailleurs. C'eſt la Harangue, que fit ceſte belle Reyne Cléopatre à Jules Céſar, lors qu'il arriva en Egypte : enſemble la Forme du Feſtin qu'elle luy fit par emprès.

Je m'eſtimerois bien-heureux, Madame, ſi vous y prenez quelque Plaiſir ; car, ma Plume ne vole que pour vous, bien qu'elle ayt le Vol trop bas, para alcançar ſus altas Virtudes, y dignas Alabanças (1). Si j'euſſe pu, Madame, au lieu de cet Eſchantillon, vous en traduire un des Livres tout entier, ainſi que me l'aviez commandé, je l'euſſe fait. Mais, deſpuis deux Ans, j'ay en mon Eſprit ſi inquietté, & ſi vague de tout Enthuſiaſme, que je n'y ay pu travailler. Poſſible que quelque Jour il me ſaiſira & ſurprendra tout-a-coup, que je vous en fairay une Verſion de tel Livre des dix, que je pourray choiſir vous eſtre agréable, & digne de vous, ou que me le commanderez vous-meſmes.

HUI-

(1) C-à-d. atteindre ſes hautes Vertus, & ſes dignes Louanges.

HUITIESME OPUSCULE.

HARANGUE

QUE FIT LA REYNE CLE'OPA-TRE A JULES CE'SAR, LORS QU'IL VINT EN EGYPTE, POURSUIVANT POMPE'E.

Rgument, pour mieux entendre le tout, tiré du X Livre de Lucain, ou pluſtoſt de ſon honneſte Femme, qui paracheva ſes Livres, ainſi que j'ay dit en la Traduction de l'Harangue du-dict Céſar & Pompée, avant la Battaille de Pharſalle.

APRES que Céſar eut gaigné la Bataille de Pharſalle, ne ſe contentant de la Victoire du Champ, il la voulut pourſuivre plus avant, & tirer vers l'Egypte, où Pompée avoit pris ſa Retraite : ſur les Sablons de laquelle Céſar n'eut pluſtoſt mis le Pied, que ſa Fortune, & le Deſtin de la mal-heureuſe Egypte, entrérent en Contention, à ſçavoir ſi la

B 2

Puiſ-

Puiſſance Royale de ces grands Ptolomées fleſchiroit ſoubs les Romains,
ou bien ſi les Armes des Egyptiens
oſteroient à l'Univers, avec la Teſte
du Vaincu, celle du Victorieux.

LA Mort & la Calamité de Pompée
ſervirent bien en cela d'Inſtruction à
Céſar, pour ſe garder de la Perfidie
de l'Egyptien, & Conſervation pour
luy & du Peuple Romain, à ce (1)
deſormais ces grandes Plaines &
longues Campaignes du Nil, ne ſerviſſent plus à les engraiſſer des Sépultures des Romains. Et, par ce,
Céſar, faiſant ſemblant d'eſtre aſſeuré
quelque peu de la Foy de ces E-
gyptiens, ſur le Gage de la Mort
de Pompée, & les Erres d'une telle
Meſchanceté, ſe met à ſuivre ſes
Bandes & Légions, vers la Ville de
Paretonie. Mais, le Peuple le voyant entrer dans le Royaume avecques Main armée, & Enſeignes des-
ployées, & Marques d'un Conſul
Romain, commença avoir Peur, à
murmurer & ſe plaindre, que la Majeſté Royale d'Egypte eſtoit fort di-
minuée par la Preſence de Céſar, &
des Romains ſes Gens de Guerre.
Ce

(1) à ce que

Ce qui donna à penfer à Céfar, que les Chofes ne fe pafferoient fans Bruit, & de croyre que Pompée n'avoit point efté perdu, tant à caufe de luy, ny à fa Confidération, que pour autre mefchant Sujet; ce qui le fit advifer à foy. Par-quoy, faifant bonne Contenance, & diffimulant l'Eminence du Mal, nullement toutesfois eftonné ny failly de Cœur, s'en va à deffein vifiter les Temples, & les* Dieux de là, enfemble les fuperbes Sépultures des Roys anciens, & fur-tout du grand Roy Alexandre, qu'il admira fort : non qu'il fe fouciaft autrement de leurs Dieux, de leur Révérence, ny de leurs Reliques; non pas mefmes de leur Or, & Richeffes. Là-deffus vous voyez fort bien efcrite & repréfentée la Fortune bonne & male du-dict Alexandre, qui eft Chofe certes belle à voir en ce Livre.

Sur ces Entrefaictes, arrive cefte grande & belle Reyne Cléopatre, fur une Gallere de deux Rames par Banc feulement; & la premiere & plus belle Chofe qu'elle fit d'abord, c'eft qu'elle gaigne le Capitaine, & la Garde de la Fortereffe du Phar, (il n'y a rien

qu'une

qu'une grande Beauté ne gaigne & ne corrompe,) sans que César en sçache rien, (monstrant elle par là son gentil Esprit & Courage) pour s'introduire là dedans, pour le voir & l'aymer, & le tenir, comme elle s'en asseure bien par le Remede de ses extrêmes Beautez qu'elle portoit sur elle; ne se promettant rien moins, que de l'espouser, & avoir sa Part & Moitié avec luy en l'Empire Romain, ou bien le gaigner autrement, & le réduire à sa totale Disposition. Quel brave Cœur, & grand ambitieux Dessein de Princesse! La voilà doncques venir vers luy, avec une fort belle Grace & Asseurance, & une Mine assez triste; non pourtant qu'elle jettast jamais Larme de ses beaux Yeux : & pour a orner sa Tristesse feinte, elle s'estoit accommodée de ses Cheveux gentiment espars, en tant qu'il falloit selon sa grande Beauté (dit l'Histoire) fust ou negligemment, selon sa Jeunesse, ou par Curiosité; & puis elle parla ainsi :

,, César, si, pour estre sortie de
,, ceste grande & noble Race de La-
,, gus, & des Ptolomées, mes anciens
,, & braves Prédécesseurs, & qu'en
moy

„ moy vous y recognoiffiez quelque
„ certaine Marque de Vertu & No-
„ bleffe, je fuis maintenant hors de
„ mon Royaume, bannie pour jamais
„ de mon Sceptre paternel. Mais, fi
„ ta puiffante Dextre m'y veut une
„ fois remettre & retourner à mon
„ premier Eftat & Félicité, lors ef-
„ tant Reyne de Faiét, je vous em-
„ brafferay les Pieds.
„ Tu viens à nous comme un
„ bel Aftre, luyfant & propice, &
„ comme un jufte & fort équitable
„ Juge : ce que m'eftant par toy oc-
„ troyé, je ne feray pas la premiere,
„ qui a commandé en ce Royaume,
„ & en a eu la Domination. Car,
„ l'Egypte s'eft apprife à rendre O-
„ béyffance à une Reyne, fans Dif-
„ tinction ny Différence de Sexe. Mef-
„ mes, par la Loy teftamentaire &
„ derniere Volunté de mon Pere,
„ il voulut le Droit du Royaume &
„ du Liét Royal m'eftre commun par
„ Mariage avec mon Frere Ptolomée,
„ & que je fuffe Héritiere par moy-
„ tié du Royaume. Quant à mon
„ Frere, je veux fort bien, qu'il
„ ayme fa Sœur, & jamais je ne luy
„ defnieray toute Obéyffance, mais

B 4

que

„ que ce foit en tant qu'il fera re-
„ mis en la Franchife de fa premiere
„ Liberté, & qu'il ne foit plus fub-
„ ject foubs la Tyrannie & Gouver-
„ nement de Photinus.

„ CE n'eft pourtant, Céfar, que
„ je m'en veuille prévaloir; mais,
„ au moins, délivre-nous de cefte
„ Honte, & de ce mefchant Homme.
„ Qu'eft-il befoing, qu'un tel petit
„ Galand que celuy-là, Serviteur de
„ noftre Maifon, mefchant & vicieux,
„ foit Officier de noftre Couronne, &
„ y regne; & que les vrays Enfans
„ en foient repouffez, & oppreffez?
„ Arrache-nous donc, Céfar, les Ar-
„ mes & l'Arrogance de ce Vilain,
„ qui font pollues & exécrables par
„ la Mort de plufieurs, & principa-
„ lement du grand Pompée.

„ COMMANDES donc, que le Roy
„ mon Frere regne, & aye la Ré-
„ gence de ce Royaume affeurée. Et
„ quoy, Céfar, penferiez-vous, que
„ ce Maraut, eftant devenu fier &
„ arrogant, pour avoir fait mourir
„ Pompée, qu'il ne conçoive pas en
„ foy & ne machine en fon Ame,
„ d'en ufer de mefme encontre vous,
„ s'il peut? Comme desjà il le femble,

,, ble, estant en Armes, qu'il y bran-
,, le ; ce que les hauts Dieux veuil-
,, lent destourner. Au reste, pour
,, avoir fait mourir Pompée, ce n'est
,, pas si grande Gloire pour luy, qu'il
,, s'en puisse prevalloir, ny tant se
,, vanter ; ny si grand Bien aussi pour
,, toy, que tu luy en doives sçavoir
,, Gré : & je m'asseure, César, que
,, dans vostre Ame généreuse vous
,, n'en jugez l'Acte beau, ny luy en
,, voulez pas plus de Bien. ,,

CERTES, ces Paroles de ceste grande Reyne, furent très-belles & bien
dictes, & bien qu'elles fussent élé-
gamment prononcées, & de grande
Majesté, & belle Grace, (car elle
estoit très-éloquente & diserte,) &
de plus qu'elle parloit distinctement
sept ou huict Langues sans avoir
Truchement ; mais il faut croyre (dit
nostre Lucain) que toutes ses belles
Paroles estoient vaines, sans son extrême Beauté, qui y fit plus que tout ;
car, César ne l'eut pas plustost re-
gardée, qu'il en devint tout espris.
Si-bien que la Nuict d'emprès (non
de la Façon sotte que le dit Plutarche, qu'elle entra en sa Chambre,
mais d'autre plus gentiille) elle cor-

rom

rompit fon Juge, qui s'y laiffa aller fort doucement.

APRE's donc que Ptolomée eut ac-quis & acheté la Paix par Dons & Préfens que fit Cléopatre à Céfar, il la falut célébrer par beaux Feftins & fumptueux Banquets Royaux, pour l'Esjouyffance defquels en fut fait un fi fuperbe Appareil, & fi grande Monftre de Magnificences, que les Romains, auparavant fort groffiers, difoient tous n'en avoir jamais veu de pareilles : car, le Palais Royal, où eftoit apprefté le Feftin, eftoit en Forme & Semblance d'un Temple de Rome, & qu'à grand peine les Aages advenir, tant diffolus en Délices fe-roient - ils, n'en fçauroient faire un femblable. Les Soliveaux du Plancher eftoient tous couverts & lambriffés d'Or, qu'on avoit mis deffus avec Artifi-ce merveilleux. Et n'eftoit cefte Maifon Royale embellie ny ornée de Marbre, comme elle eftoit par l'Yvoire & les Perles précieufes meflées parmy. L'A-gate s'y faifoit bien recognoiftre fur-tout pas fon Efclair brillant, (le Latin de Lucain l'appelle *non fegnis Acha-tes.*) De mefmes, en eftoit le Porphyre rougiffant , la Cornaline y eftoit fi
abon-

abondante , qu'elle fervoit de Pavé , & fe foulloit aux Pieds d'un chafcun. Le Bois exquis de l'Ebene Egyptien , ou Indien , ne couvroit ces grands Seuils des Portes, mais fervoit feulement pour fouftenir la Maifon Royale , non pour l'embellir nullement, tenant lieu là d'un Bois vil & vulgaire. L'Yvoire Indien couvroit entierement le Devant de la Salle. Les Efcailles de la Tortuë Indienne, incifées en Lames , fervoient fort d'Ornement , avec les Perles entremeflées par un merveilleux Artifice, & plufieurs Efmeraudes colorées, accompaignées enfemble. Les groffes Perles fines , & très-exquifes, paroiffoient de toutes Parts fur les Licts où l'on feftinoit , lefquels eftoient tendus d'un fin Pourpre Tyrien. Bref, tout y reluyfoit. D'une autre Part, les Pavillons tyffus en forme de Plumes reluyfoient extrêmement, à caufe de l'Or furfemé par - deffus, & des Filets variez & diverfifiez de diverfes Couleurs, que les Egyptiens ont accouftumé de mettre en Oeuvre parmy leurs Toilles, quand ils les tiffent. Si que c'eftoit Chofe fort belle à voir.

Or, après, pour le Service des Tables,

bles, l'on y voyoit un grand Nombre d'Esclaves, & de Serviteurs de bonne Façon, distinguez les uns d'avec les autres, & différents en Couleurs, en Beauté, & en Aage. Les uns portoient Cheveux aucunement noirs, autres blonds : si que César-mesme advoua n'avoir veu de telles, ny si belles Perrucques en la Germanie, où il avoit fait la Guerre. Les autres avoient les Cheveux crespez, frisez entortillez, regrillez, & fort renversez en haut. Là aussi estoit la malheureuse Jeunesse des Eunuques efféminez, privez de toute Force humaine. A l'opposite desquels estoient ceux d'Aage plus robuste, sans qu'aucun Poil leur couvrist le Visage. Après lesquels se représentoit une belle Bande de jeunes Gens, ausquels à grand-peine commençoit encore à pousser la Fleur de leur premiere Barbe.

En tel Equipage, & superbe Appareil, commençérent à s'asseoir le jeune Roy Ptolomée, les Consuls, Préteurs, & autres grands Capitaines, & César au plus haut Lieu, & Cléopatre près de luy, qui ne se contentant, pour se faire encore plus paroistre de la Grandeur de son Sceptre Egyptien,

ny de fon Lict Royal, avoit fardé un
Peu fon Vifage, & paré de Richeffes
infinies de la Mer rouge, qu'elle avoit
tiré en grande Defpenfe & Curiofité,
fon Col, fa belle & délicate Gorge,
fa belle Tefte & beaux Cheveux, qui
eftoient tellement chargés, qu'à grand-
peine les pouvoit-elles fupporter. Sur-
tout, on voyoit ce beau Sein Royal,
couvert feulement d'un Ouvrage de
Soye de Sydon, fait à l'Aiguille,
dans l'Egypte-mefme, mais fi induf-
trieufement eflabouré, qu'on voyoit à
plein & à travers les Entrelaffures,
l'Allebaftre de fon excellente Blan-
cheur; ce qui tentoit fort le Monde.

Les Tables eftoient rondes, faites
de Bois de Citronnier, fi beau & fi
poly, que Céfar difoit luy - mefme,
qu'il n'en avoit point veu de plus
beau en la Région ou il deffit le Roy
Juba. Les Pieds des Tables eftoient
tous d'Yvoire. Tout cela fut Caufe,
qu'on reputa lors à grand Blafme, ou
d'une Humeur fort eftrange, ou Fu-
reur quafi aveuglée, à Cléopatre, laquelle, par une certaine Oftentation
ambitieufe, & Vanité de Gloire, elle
alla ainfi monftrer & eftendre toutes

fes

ſes Richeſſes & grands Thréſors à Céſar ſon Hoſte , & armé , & l'expoſer
à ſon Avarice. Elle eſtoit plus ad-
viſée que ceux qui en parloient; car,
ſa Beauté la garantiſſoit de tout : auſſi que Céſar avoit l'Ame trop noble &
glorieuſe, pour tendre à ſi vile Entrepriſe d'Avarice , & en faire ſon
Magazin.

IL eſtoit pourtant à craindre, que,
bien qu'il fuſt ſi noble & généreux,
qu'il ne fiſt (diſoient aucuns du Feſtin) de meſmes que firent les anciens
Fabrices, les Curies , & Cincinates,
qui faiſoient tant d'Eſtat de la Pauvreté. Si deſiroient-ils pourtant tousjours en leurs Charges d'accumuler de
grands Deniers, Thréſors & Richeſſes
pour les emporter à Rome, & en
triumpher mieux. Céſar, à leur Exemple, en pouvoit faire autant. Mais,
de là il en ſortit les Mains. vuides &
nettes. Non, non, il ne vouloit rien
de ceſte belle Princeſſe, ſi-non ce qu'elle portoit ſur elle, qui valoit bien
tout un Thréſor d'Or maſſif.

NONOBSTANT tout, elle fait ſervir
tous ſes Mets en Vaiſſelle d'Or , où
eſtoient toutes Sortes de Viandes que
la Terre, l'Air, la Mer , & les Ri-
vie-

vieres, pouvoient fournir, qu'elle a-
voit fait rechercher & apporter de
toutes Parts très-curieusement, pour
mieux embellir la Feste & le Festin,
sa grande Sumptuosité & généreuse
Ambition d'Honneur ; mesmes qu'elle
ne pardonna pas aux Dieux d'Egypte, qui n'y fussent mangez, comme
furent aucuns Oyseaux & Animaux,
lesquels sont tenus là pour Dieux,
& pour tels révérez en grande Vé-
nération, & adorez dans leurs Temples.

On bailloit l'Eau à laver dans des
Bassins de Cristal, & les Couppes estoient de Pierres précieuses, toutes d'une
Piéce, si grandes, qu'elles recepvoient
du Vin pour boire en assez Suffisance:
& ce Vin n'estoit celuy qui s'amasse en
la Vigne de Maréotide d'Egypte, qui
se servoit à la Table, mais c'estoit
de celuy que produit l'Isle de Me-
roé, ayant Goust de Vin vieux, pour
estre de mesme purifié en sa Boette,
& sa parfaicte Bonté Si qu'on eust
dit, que c'estoit vray Vin de Faler-
ne, la Force duquel estoit telle,
qu'elle ne se pouvoit matter.

Ce ne fut pas tout ; car, les Festi-
nez reçeurent des Chapeaux & Guir-

lan-

landes tiſſeues de Fleurs de Narde,
floriſſante, & rendant une Odeur fort
ſuave, entremeſlées avec des Roſes
qui ne fleſtriſſent jamais en Egypte,
& gardent tousjours leur Beauté &
leur Senteur. Si fut auſſi reſpandu ſur
leurs Cheveux force Cynamome d'E-
thiopie, l'Odeur & la Sincérité duquel
n'avoit point eſtée altérée ny gaſtée
par l'Attouchement des Hommes, qui
l'avoient apportée d'où elle eſtoit née
& ſortie.

CE fut, de vray, où Céſar apprit premierement à conſommer & deſpen-
dre par vaine Superfluïté les Richeſſes
qu'il avoit de longue-main, qui cà,
qui là, amaſſées des Deſpouilles de
tant de Provinces gaignées par luy.
Si qu'il eut grand Honte en ſoy d'a-
voir jamais fait la Guerre au pauvre
Pompée, qui, par maniere de dire,
n'avoit pas que ſon Eſpée & ſon Cheval de Guerre; qui, ne s'eſtant jamais ſoucié d'amaſſer Thréſors, n'eſtoit pas digne pour ſa Pauvreté, que
Céſar priſt tant de Peines & Travaux
à luy faire la Guerre, au Prix des
Biens, Richeſſes Magnificences, &
Sumptuoſitez des Egyptiens, après
leſquels il penſe deſormais à trouver
quel-

quelque juste Occasion pour les tourmenter par les Armes, & s'enrichir de leurs Despouilles. A quoy ne tarda pas long-temps par celle que luy donna Photinus, qui luy dressa de grandes Menées sur sa Vie, luy donnant bien de l'Affaire, & le mit à tel Poinct de Guerre, & à si extrême Danger, qu'il fut contraint se jetter dans la Mer, & se sauver à nage par grande Merveille, comme le descrit très-bien Lucain, où s'aydant de soy, de sa Force, & de son bon Courage tant qu'il put, & de l'Assistance que luy fit ce brave Sæva, l'un de ses plus renommez & favoris Soldats qu'il eust point, qui le secourut & le sauva-là au besoin, comme il l'avoit sauvé aussi en Epidaure, dont il l'en devoit bien aymer: ce qu'il fit, & n'en fut jamais ingrat. Quel Malheur, pourtant, pour ce grand Capitaine, qui n'aguieres avoit fait trembler tout l'Univers, d'avoir esté réduict à telle Destresse par ce Photinus, Homme de peu, qui possible n'avoit pas tiré deux fois son Espée en toute sa Vie!

Ces grands Capitaines ont ainsi de tels Malheurs, & font de ces Fautes pour n'y pourvoir : ainsi que très-bien luy avoit pronoftiqué Cléopatre, que l'autre luy machinoit fa Mort: Mais, Céfar après la luy rendit bien bonne & chaude, comme le defcrit Plutarche, & comme il laiffa Cléopatre Reyne paifible d'Egypte, ayant eu de luy un beau Fils portant le Nom de Céfarion, qu'Octave puis emprès traitta fort mal, dont il eut Tort pour l'Obligation qu'il avoit à fon brave Oncle.

LUCAIN ne touche pas à cela; car, il en demeure court à la Fin de fon X Livre. Il dit bien une Chofe fort belle, où il traitte, qu'après ce beau Feftin achevé, Céfar, pour mieux paffer & allonger la Nuict, il prie Achorée, le Grand-Maiftre de la Loy d'Egypte, de luy difcourir de l'Ancienneté de fa Region, de leurs Dieux, & de leurs Cerimonies, de leurs Loix, des Mœurs du Pays, & Façon de vivre du Peuple, & fur-tout de la Source du Nil, de fon Regorgement & Reffarement puis après dans fon Lict. Ce qui eft une très-belle Chofe à lire que j'efpere un Jour poffible faire voir en la Verfion que j'en fairay, fi j'en fuis en Humeur, & en bon Enthufiafme qui m'ayt bien faify.

NEU-

NEUVIESME OPUSCULE.

FRAGMENT

DE LA VIE

DE FRANÇOIS

DE

BOURDEILLE,

PERE DE BRANTOME.

PREFACE,

OU

LETTRE DE BRANTOME

A SON NEPVEU

HENRY DE BOURDEILLE,

CHEVALIER DE L'ORDRE, CON-
SEILLER D'ESTAT, CAPITAINE
DE CENT HOMMES D'ORDON-
NANCE, LIEUTENANT-GENE-
RAL, SENESCHAL, ET GOUVER-
NEUR DE PERIGORD.

VOUS *voulez donc, mon Vicomte &*
cher Nepveu, sçavoir de moy,
par

par la Priere que m'en avez faite,
aucuns Traits & Faicts de la Vie de feu
Monſieur DE BOURDEILLE, mon Pere,
& voſtre Grand-Pere, afin de l'en imi-
ter, & mieux reſſembler. Et Vray-
ment de bon Cœur j'en mets icy la Main
à la Plume, pour vous en raconter aucuns, que je luy ay veu faire, & ouy
dire aux Vieux qui l'ont veu & cognu; car, j'eſtois fort jeune, & de l'Aage de ſept Ans quand il mourut.

Ce petit Traité donc vous ſervira de
ſa Repréſentation & Image, que Vous
arregarderez quelquefois, & y com-
paſſerez vos Actions, leſquelles vous ſeront toutes louables, ſi les rendez ſemblables aux ſiennes, ainſi que j'eſpere
que Dieu vous en fera la Grace: & auſſi
que je vois voſtre Semblance & Natu-
rel, qui s'y rapporte fort, tant à l'Air &
Traits du Viſage, qu'à aucunes Façons,
plus que tous nous autres quatre ſes
Enfans, qui ſont mon Frere le Capitaine BOURDEILLE, mon Frere d'ARDE-
LAY, & moy. Je dis en aucuns Linéa-
mens de Viſage & aucunes Actions.
Car, pour la Valeur & la Vertu, il
ne nous en euſt ſçeu rien reprocher, s'il
nous euſt pu voir en la Perfection de
nos Aages & Valeurs. Il faut que nous

nous vantions jusques-là ; & crois
que son Ame, qui repose en Paradis, s'en est beaucoup & souvent Res-
jouye.

Sur cela je brise & m'en vais ac-
commencer ce que desirez sçavoir, après
vous avoir baisé les Mains, mon Vicomte & cher Nepveu, & asseuré qu'à
jamais je vous suis un humble & obéys-
sant Oncle,

BOURDEILLE.

VIE DE

FRANÇOIS

DE

BOURDEILLE.

MEssire FRANÇOIS DE BOUR-
DEILLE, Vostre Grand-Pere,
fut Fils de Messire FRANÇOIS DE
BOURDEILLE, & de YLAIRE DU FOU
en Poictou.

JE ne m'amuseray point à vous ra-
con-

conter l'Antiquité de la Maison de Bourdeille , ny des hauts Faicts & beaux Exploicts de Guerre qu'ont accomplis nos Peres , Grands-Peres , Ayeux , Bisayeux , & Ancestres , aux Guerres qui se font faites , tant à la Terre-Saincte , que de-là & de-çà les Monts foubs nos braves & vaillants Roys , qui eftoient pour lors.

Je ne m'amuferay non plus à vous parler de l'Antiquité de la Maison du Fou , venue de Bretaigne , & fort agrandie par le Roy Louys XI , & autres Roys qui font venus après ; mefme du Roy François I , qui fit efpoufer l'Héritiere du Fou , Niepce de ma Grande-Mere , & la Filliole & Coufine de voftre Grand-Pere , à Meffire Antoine Defprez , & le fit Marefchal de France , d'où font fortis Meffirs de Montpezat que l'on voit aujourd'huy.

Je ne m'amuferay donc à difcourir de toutes les Antiquitez de ces deux nobles Maifons de Bourdeille, ny du Fou , ny de leurs Faicts & Geftes : car , cela feroit trop long , & n'aurois jamais fait ; bien que , quand je l'aurois entrepris , j'en penferois venir à bout auffi-bien que Homme de

noftre

noftre Race. Venons donc au Point.

MESSIRE FRANÇOIS DE BOURDEIL-
LE, donc, voftre Grand-Pere, fut
Fils de ces deux illuftres Pere &
Mere, que je viens de dire. Après
qu'il vint à eftre grand & en Aage,
fon Pere le donna Page à la Reyne de
France Anne Duchefle de Bretaigne,
& y fut huiét Ans, & avoit ceft Honneur d'eftre fon premier Page, (ainfi
luy parloit tousjours,) & de monter
fur fon Mulet de devant, qui eftoit
un très-grand Honneur & Faveur de
ce Temps-là pour les Pages des Reynes & grandes Princeffes, pour eftre en
cela préférez à tous les autres. Et le
Bon Homme feu Monfieur d'Eftrées,
Grand-Maiftre de l'Artillerie, grand
Homme digne de fa Charge, que nous
avons veu, alloit fur le Mulet de
derriere, ainfi qu'il me l'a compté
(1) fouvent, & que bien fouvent tous
deux ils avoient efté foüettez l'un
pour l'Amour de l'autre.

CAR, voftre Grand-Pere faifoit
tousjours quelques petites Natretez,
ainfi que fon Efprit prompt, vif, &
gentil, l'y conduifoit; &, fur-tout,
quand il faifoit aller le Mulet de de-

vant

______
(1) conté

vant plus vifte qu'il ne falloit. C'eftoit lors à la Reyne à cryer *Bourdeil-*
le, *Bourdeille*, *vous ferez foüetté*, *je*
vous en affeure, *& voftre Compaignon* ; &
tant n'y failloient pas : car, l'un fe
remettoit fur l'autre & difoit que la
Faute venoit de fon Compaignon ; que
le Devant s'advançoit trop, & qu'il
falloit faire fuivre l'autre ; & l'autre
difoit, que le Derriere advançoit &
paffoit trop l'autre de Devant ; &,
pour ce, de Compaignie, fans ouyr
leurs Excufes & Raifons, eftoient
bien foüiettez ; mais, Monfieur d'Eftrées m'a dit, que toute la Faute venoit de voftre Grand-Pere, qui faifoit tout le Mal.

IL demeura donc ainfi Page l'Efpace de hui&t Ans ; ce qui luy nuifit un
peu à fa Taille, qui eftoit très-belle ;
& la rendit un peu vouftée quand il
vint fur l'Aage : & luy-mefme le con-
feffoit, & s'en plaignoit, & que fon
Pere l'avoit voulu ofter de-là, s'il euft
pu trouver quelque honnefte Excufe,
ou qu'il euft ofé ; mais, il apprit auffi
que la Reyne l'aymoit bien fort, enfemble & l'une de fes Sœurs qu'elle a-
voit Fille, mais elle mourut jeune à
l'Aage de quinze Ans à la Cour, qui
fut

fut fort regrettée, & du Roy, & de la Reyne (1), car elle eftoit l'une des belles Filles de la Cour, & la tenoit-on pour un petit Ange, & du plus beau Efprit, & qui difoit & racontoit des mieux. Elle fut enterrée à côté du grand Autel des Cordeliers à Paris, & en ay veu le Tombeau engravé de Bronze : mais, lorfque l'Eglife des Cordeliers fe brufla, il y a vingt Ans (2), il fondit tout, & n'en refte plus aucune veftige. Elle s'appelloit LOUYSE DE BOURDEILLE, & le Roy eftoit fon Parain, & l'aymoit fi très-tant, que, à l'Aage de huiét Ans qu'elle fut menée à la Cour, le Roy la trouva fi belle, fi jolie, & qui caufoit des mieux, qu'eftant petite Garfe (3), l'Efpace de trois Ans il la faifoit quafi ordinairement manger à fa Table, quand la Reyne n'y mangeoit, & la faifoit caufer, fi-bien qu'il l'appelloit fon *petit Perroquet*, & luy faifoit ainfi paffer le Temps. Mais, quand elle fut grandette, il la mit fur la Sageffe & la Réputation.

Car,

(1) *Voïez le Tome I, page II.*
(2) *En* 1580. *Voïez le* Journal de Henri III, *fous cette Année.*
(3) petite Fille,

Tome XIII.   C

Car, à un Enfant ou Fille, il eſt
bien ſéant de dire & faire tout ; mais,
quand on vient ſur l'Aage, il ne faut
pas faire touſjours de l'Enfant. Si
faut-il que je faſſe ce compte (1)
d'elle.

Comme j'ay dit, elle eſtoit des
plus belles qu'on euſt ſçeu voir, &
des plus aymables de la Cour. Par
cas, un Pere Cordelier, qui preſchoit
ordinairement devant la Reyne, en
devint tellement amoureux, qu'il en
eſtoit perdu en toute Contenance : &
quelquefois en ſes Sermons ſe perdoit, quand il ſe mettoit ſur les Beautez
des ſainctes Vierges du Temps paſſé ;
jettant touſjours quelque Mot couvert
ſur la Beauté de ma-dicte Tante, ſans
oublier ſes doux Regards, qu'il fichoit
ſur elle : & quelquefois en la Chambre de la Reyne prenoit un grand
Plaiſir de l'arraiſonner, non de Mots
d'Amour pourtant, car il y fuſt allé
du Fouet, mais d'autres Mots umbra-
gés tendans à cela. Ma Tante n'ap-
prouvoit nullement ſes Diſcours, &
en tint quelques Propos à la Gouver-
nante d'elle & de ſes Compaignes. La
Reyne le ſçeut ; qui ne le put croire,

à

(1) Conte.

à caufe de l'Habit & Sain&teté de l'Homme ; &, pour ce Coup, diffimula jufques à un Vendredy Sain&, qu'il prefcha la Paffion à l'accouftumée devant la Reyne ; &, d'autant que les Dames & Filles eftoient placées & affifes devant le beau Pere, comme eft l'ordinaire, & qu'elles fe repréfentoient à plein devant luy, & par conféquent ma Tante, le beau Pere, pour l'Introït & Thême de fon Sermon il commença à dire : *Pour vous, belle Nature Humaine, & c'eft pour vous pour qui aujourd'huy j'endure, dit à un tel Jour Noftre Seigneur Jéfus-Chrift :* &, enfilant fon Sermon, il fait rapporter toutes les Douleurs, Maux, & Paffions que Jéfus-Chrift endura à fa Mort pour Nature Humaine, & à la Croix, à ceux & celles qu'il enduroit pour celle de ma Tante ; mais, c'eftoit avec des Mots fi couverts & Paroles fi umbragées, que les plus fublimes y euffent perdu leurs Sens. Quelle Méditation pourtant ! La Reyne Anne, qui eftoit très-habile, & d'Efprit & de Jugement, mordit là-deffus : & en ayant confulté les vrayes Paroles de ce Sermon, tant avec aucuns Seigneurs

& Dames, que fçavantes Gens qui y affiſtoient, trouvérent que le Sermon eſtoit très-eſcandaleux, & le Pere Cordelier très-puniſable ; ainſi qu'il fut en Secret très-bien chaſtié & fouet-té, & puis chaſſé ſans faire Eſcandale. Voilà la Recompenſe des Amours de ce Monſieur le Cordelier, & ma Tante bien vengée de luy, duquel elle eſtoit ſouvent importunée de parler à luy : car de ce Temps, il ne falloit pas ſur Peine deſdire ny refuſer la Parole à telles Gens, que l'on croyoit qu'ils ne parloient que de Dieu & du Salut de l'Ame (1).

APRE's ma-dicte Tante Louyſe, vint en ſa Place ſa Sœur, & ma Tante ANNE DE BOURDEILLE, laquelle eſtoit Fillolle de la Reyne Anne : & de ce Temps, les grands Seigneurs, & meſ-me mon Grand-Pere, eſtoient fort curieux, que les grands Roys ou Princes, ou Reynes & Princeſſes, tinſ-ſent leurs Enfans ſur les Fonds ; ce qu'ils n'offroient à toutes Maiſons, ſi-non

____

(1) *Voïez, ſur tout ce qui regarde cette* Louiſe de Bourdeille, *le Tome XII, pages* 294 *& ſuivantes, où les mêmes Choſes ſont racontées.*

ſi-non aux grandes. Ceſte Anne de
Bourdeille fut mariée après à la
Cour avec Monſieur le Baron de
Maumont, l'une des grandes Maiſons
de Limoſin. Elle ne fut ſi belle que
ſa Sœur, qui l'eſtoit en Perfection :
mais elle l'en approchoit fort, ſi-non
en Taille ; car, elle eſtoit fort petite,
& Louyſe l'avoit grande & belle, comme ſon Frere Monſieur de Bourdeille.

J'ay fait ceſte Diſgreſſion, mon
Nepveu : car, il faut que vous ſçachiez
des Nouvelles auſſi-bien des uns que
des autres, qui vous ſont ſi proches.

Pour retourner à voſtre Grand-
Pere, eſtant ſorty hors de Page, il
demeura quelque Temps à la Cour ;
& puis ſon Pere & Mere, qui eſtoient
vieux, envoyérent le querir, pour le
voir & les resjouyr ; car, ils en avoient
ouy dire beaucoup de Bien (ainſi
qu'eſt la plus grande Joye aux Peres
& Meres, quand ils voyent leurs Enfans vertueux.) Et, de Faict, voſtre
Grand-Pere fut trouvé tel, & ſi fort,
qu'ils ne le voyoient pas à demy, &
eſtoit leur Enfant bien chery : de
ſorte que le Pere le tenoit ſi fort
ſubject près de luy, qu'il ne le vou-
C 3

loit

loit efchapper n'y donner Congé pour
tourne à la Cour, n'y aller à aucun
Voyage de Guerre, craignant de le
perdre par fon Courage trop hazardeux.

Enfin, cefte Subjection & cefte Deli-
cateffe, fafcha fort à voftre Grand-Pere:
&, entendant, que les François faifoient
tant de belles Chofes au Royaume de
Naples, où la Guerre pour lors eftoit,
ayant emprunté, qui de-çà, qui de-là,
de fes Amys, quelques deux cens
Efcus, feignant un bon Matin aller
à la Chaffe, & ayant pris deux des
meilleurs & bons travailleurs Cour-
tauts, qu'il euft fans faire Bruit, par-
tit avec fon Valet de Chambre feulement, & un Laquais, & avec tous
fes Chiens & Levriers, s'en alla jufqu'à une demye Lieuë dans fa Terre,
tousjours chaffant : &, eftant venu à
un Village, il fait entrer tous fes
Chiens dans une Grange, & les bien
renfermer léans, & donner bien à
manger, & commande au Maiftre de
la Maifon & de la Grange, que fur
la Vie il ne leur ouvre en façon du
Monde, jufqu'à ce qu'il foit de Retour, qui pourroit eftre fur le Soir;
ou, fi de cas il ne revenoit, qu'il ne

faillift

faillist de leur ouvrir sur le Soir, & qu'il les laissast aller seulement, car ils s'en retourneroient à Bourdeille ; ce que le Paysan ne faillit. Cependant, mon Pere gaigne Chemin, & fait douze grandes Lieuës d'une Traite, tirant vers Lyon.

Son Pere, le Soir, voyant son Fils n'estre tourné, s'en estonne, croyant qu'il se fust trop amusé à la Chasse. Mais, le Lendemain au Matin, quand on luy vint rapporter, que tous ses Chiens & Levriers estoient à la Porte du Chasteau, il fut en Peine, & Allarme, & dépescha aussi-tost Gens par-tout, pour sçavoir ce qu'il estoit devenu, qui luy rapportérent au vray l'Histoire qu'ils avoient apprise du Paysan qu'ils luy amenérent, qui confirma le tout. Soudain il songea, qu'il s'en estoit allé à l'Advanture voir le Monde, & aussi-tost il envoya vers Lyon & vers la Cour, pour en sçavoir Nouvelles ; se doutant, qu'il prenoit l'un de ces deux Chemins.

Cependant, son Fils gaigne Pays, & ne demeura que six Jours depuis Bourdeille jusqu'à Lyon, où l'Homme de son Pere le trouva, qui luy dit la Peine en laquelle le Pere & la

Mere

Mere estoient pour luy, & luy voulant persuader qu'il tournast. Il luy dit seulement : *Recommandez - moy à mon Pere & à ma Mere, & dites-luy que je fais ce qu'il a fait d'autre fois, & que je m'en vais voir le Monde, & chercher Guerre au Royaume de Naples. Il ne me verra jamais, que je ne soye plus honneste Homme que ne suis, n'y ne ferois, si je voulois le croire, & me faire tenir cher dans une Boëte pleine de Cotton comme une Relique.* Il envoya aussi ses Recommandations à sa Mere & ses Freres & Sœurs, & ainsi s'en alla vers Naples : où estant venu, il fut très-bien reçeu de tous les Grands Seigneurs & Capitaines François qui y estoient, & principalement de Louys Comte d'Armagnac, son Parent, de Messieurs de la Palisse, de Louys d'Ars, de Monsieur de Bayard, & plusieurs autres.

Il n'eut pas fait long Séjour en ces Pays & Guerres, qu'il s'y fit fort reconnoistre pour estre très-brave & vaillant, & sur-tout pour emporter la Reputation d'estre le meilleur & le plus rude Homme d'Armes de tous les François. Car, il estoit un très-bon Homme de Cheval, & n'y avoit
Che-

Cheval, tant rude fuſt-il, & allaſt
tant haut & incommodément qu’il
put, qui luy fiſt jamais perdre l’Eſtrieu : &, de ce Temps là, les Chevaux n’eſtoient dreſſés, ny alloient à
temps, comme deſpuis. Et ay ouy
dire à un vieux Gentil-Homme de noſtre Maiſon, que, ſur tel Cheval, rude
qu’il fuſt, ne refuſa jamais à monter
deſſus, ny que luy fit perdre les Eſ-
trieux, ſur leſquels il mettoit ordinairement des Doubles-Ducats, & ga-
geoit, qu’en cas qu’il deſemparaſt
l’Eſtrieu, & qu’ils tombaſſent en
Terre, il les perdoit par Gageure
faite, & s’ils ne tomboient, ils eſtoient
pour luy : & diſoit ce Gentil-Homme,
qu’en ſa Vie il luy avoit veu faire
plus de deux cens gageures toutes
pareilles, & jamais ne les perdoit.
Outre qu’il eſtoit ainſi fort adroit, &
bon Homme de Cheval, il eſtoit grand,
de belle haute Taille, fort puiſſant,
& nerveux ; ce qui le rendoit encore
plus furieux & rude Homme de Cheval.

Or, il demeura au Royaume de
Naples en tout environ quatorze à
quinze Mois, juſqu’à ce que les François en furent chaſſés par le Grand

Ca-

Capitan, qui obtint fur eux plufieurs belles Victoires, & mefme à la Rencontre du Garillan, là-où mon Pere fit très-bien, & y fut bleffé, fans que l'Hiftoire de Belle-Foreft en ceft Endroit le racompte. Je l'ai ainfi auffi ouy dire aux Vieux, & en portoit auffi la Marque & la Playe. En ce Combat, il fecourut & feconda fi bien Monfieur de Bayard, qu'il dit fouvent defpuis, qu'il penferoit tousjours avec Monfieur de Bourdeille fon Second de combattre fix Efpagnols & les defaire, eftans à Cheval. Toutesfois, Monfieur de Bayard eftoit petit, & non fi fort ny advantageux que mon Pere. Voilà donc les François chaffés & renvoyés de Naples.

La Guerre s'efmeut en la Romanie, où le Roy envoya Secours au Pape Jules, pour le recouvrement de Boulogne, contre les Bentivogles; ce que très-mal defpuis & fort ingratement il reconnut, comme il fe trouve parmy les Hiftoires. Monfieur de Bourdeille faifoit tousjours parler de luy en quelque belle Faction, & fe rendoit fort aymable & agréable à un chafcun : car, il eftoit avec fa
Va-

Valeur un très - beau jeune Homme, & fur-tout de fort bonne Converfa-tion, & qui difoit fort bien le Mot.

LE Pape le prit donc en Amitié, & prenoit Plaifir de caufer & de jouer avec luy ; car, il eftoit bon Compai-gnon, & familier. Un Jour, ils jouérent enfemble, qu'il gaigna à mon Pere quelques trois cens Efcus, & fes Chevaux, qui en avoit de beaux, & tout fon Equipage. Après qu'il eut tout perdu contre luy, & qu'il luy en faifoit la Guerre, il luy dit : *Chadieu Benift*, (car c'eftoit fon Ju-rement quand il eftoit fafché, & quand il eftoit en fes bonnes, il juroit, *Char-don Benift*,) *Pape, jouc-moy cinq cens Efcus fur une de mes Oreilles racheta-ble dans huict Jours. Que fi je ne la rachete, je te la baille à couper, & en faffes un Pâté, fi tu veux, & le manges.* Le Pape le prit au Mot, & confeffa après, que s'il ne l'euft ra-chetée, il ne luy euft pas fait couper ; mais, il l'euft obligé tellement à luy, qu'il l'euft contraint de ne bouger d'avec luy de fix Mois, pour luy te-nir Compaignie, qu'il trouvoit très-aymable comme vous oyrez cy-après. Mais, mon Pere s'affeuroit fi bien de

C 6

fon

ſon Faict, & du Recouvrement de ſon Oreille, qu'il ne s'en ſoucyoit point quand il l'euſt perdue, comme il luy dit deſpuis ; car, il avoit tant d'Amys à l'Armée, qu'il euſt trouvé tousjours plus de deux mille Eſcus à emprunter. Ils ſe remirent donc à jouer, & la Fortune voulut que mon Pere ſe racquittaſt de tout, fors d'un fort beau Courſier, & d'un fort beau petit Cheval d'Eſpagne, & une fort belle Mule, que le Pape coupa Queuë au Jeu, & garde ces trois, & ne voulut plus jouer. Mon Pere, luy dit : *Eh, chadieu, Pape, laiſſe-moy donc mon Cheval d'Eſpagne pour de l'Argent.* (car il l'aymoit fort,) *& garde le Courſier pour te faire tomber, & rompre le Cou, ſi tu y monte deſſus ; car, il eſt trop rude pour toy. Et, pour la Mule. garde-la, & F.. la, ſi tu veux ; mais, garde qu'elle rue, & qu'elle ne te rompe une Jambe.* Le Pape ryoit ſi fort, qu'il ne s'en put arreſter, tant il prenoit Plaiſir à ſes Naïfvetez & Paroles. Le Pape après luy dit : *Je feray mieux. Je vous rendray vos deux Chevaux, mais non la Mule, & vous en donneray deux autres beaux, ſi vous me voulez tenir Compaignie*

gnie jusqu'à Rome, & y demeurer deux Mois avec moy. *Et passerons bien le Temps, sans qu'il vous couste rien.* Mon Pere luy respondit : *Chadieu, Pape, quand tu me donnerois ta Mitre & ta Calotte, je n'en ferois rien ; & pour ton Bien je ne quitterois pas mon Général ny mes Compaignons. Adieu vous, Garniment.* Et le Pape à rire & les grands Capitaines François & Italiens, qui s'estonnoient & ryoient aussi de la Franchise de parler de mon Pere, lesquels si révéremment parloient tousjours à Sa Saincteté. Enfin, le Pape voulant partir luy fit un Adieu le plus honneste du Monde, & luy dit : *Que voulez-vous de moy ? Vous l'aurez.* Le Pape, pensant qu'il voulut demander ses Chevaux, il ne luy demanda autre Chose si-non une Licence & Dispense de manger en Caresme du Beurre, d'autant qu'il ne pouvoit manger l'Huile d'Olive, ny de Noix ; ce que le Pape luy octroya ayfément, & luy en fit dépefcher une Bulle, pour luy & les fiens, qu'on a veu au Thréfor de noftre Maifon long-temps : je ne fçay si elle y eft encore.

La Guerre de Lombardie fe continua, où mon Pere s'y trouva tous-

jours

jours, & puis en la Battaille de Ravenne, où il fut encore bleſſé. Et, ayant demeuré l'Eſpace de trois Ans en ces Pays, & Guerres, il s'en retourna avec ſes Compaignons en France, & à la Cour, où il trouva à dire la Reyne Anne ſa bonne Maiſtreſſe morte, qui l'attriſta grandement; car, elle eſtoit toute ſon Eſperance & ſon Support. Elle l'aymoit & l'appelloit ſa Nouriture, & eſtoit fort ayſe, quand elle en oyoit dire tant de Bien de luy. Le Roy en fit grand Cas, & luy fit très-bonne Chere.

IL s'en vint en ſa Maiſon voir ſon Pere & ſa Mere, qui le reçeurent ne faut point demander avec quelle Joye; & n'y vint point gueux nullement, ny en l'Equipage qu'il alla; car, les grands Chevaux, & tout ſon Equipage, valoit plus de deux mille Eſcus, qui eſtoit beaucoup de ce Temps-là, avec de fort honneſtes Gens. Entre autres, il mena un honneſte Maiſtre Pallefrenier qui s'entendoit bien en Chevaux, qui eſtoit de ce Temps comme un Créat d'aujourd'hui. Il a veſcu cent Ans. Je l'ay veu, mais fort vieux; encore montoit il quelquefois à Cheval tout vieux qu'il eſtoit

toit

toit. Il s'entendoit très-bien à la Maladie des Chevaux, & nous l'appellions le Bon-Homme, & qui nous racontoit bien des Jeuneſſes & Vaillances de mon Pere. Il devint aveugle de Vieilleſſe, & laiſſa des Enfans aſſez honneſtes Gens, mais non pareils à luy.

Le Roy Louys XII mort, que ce beau Voyage du Roy François ſe préſenta delà les Monts pour la Journée de Marignan, mon Pere y va. Car, ny Pere, ny Mere, ny tout le Monde, ne l'euſt pas ſçeu retenir. Car, il eſtoit du tout à luy, & ne vouloit eſtre ſubjeĉt à Perſonne du Monde, & ne voulut jamais avoir Charge, ny de Capitaine, ny de Lieutenant, ny d'Enſeigne, ny de Guydon; rien de tout cela, tant il s'aymoit, & luy, & ſa douce Liberté: ainſi que tous nous autres, & ſurtout moy, avons eſté de ceſt Humeur, dont Mal m'en a pris pour mon Advancement. Il ſé trouve donc à ceſte Guerre & Battaille de Marignan, combattant ſous l'Eſtendart de Monſieur de Bourbon, qui l'aymoit extrêmement, pour des Raiſons que diray cy-après, & en fit au Roy de très-bons & hauts Rapports: ainſi qu'il ſe

ſit

fit ce Jour-là paroiſtre à clair, & le Roy luy voulut dès-lors donner Charge, & le faire Lieutenant des cent Hommes d'Armes de ſon Oncle René Baſtard de Savoye; mais point. Après la Battaille gagnée, il demeura à Milan quelque temps, avec Monſieur de Bourbon, Lieutenant Général du Roy, & puis s'en retourna en France avec luy.

ESTANT en France, ſa Mere s'adviſa de le marier, car ſon Pere eſtoit mort, pour le retenir, afin qu'il fuſt arreſté, & n'allaſt plus traverſer ny Vagabonder le Monde, & trotter tant qu'il avoit fait, & que le ſeul Mariage, diſoient ſes Parens, le pourroit arreſter. Sur ce, il eſpouſa ANNE DE VIVONNE, ma Mere, une fort honneſte & ſage Damoiſelle, & pour lors Fille d'une des bonnes & riches Maiſons de Guyenne, voire de France, & Fille de Meſſire André de Vivonne, Séneſchal de Poiƈtou, Chambellan du Roy, & Gouverneur de Monſieur le Dauphin, & Fille auſſi de Madame Louyſe de Daillon, ſa Mere, de ceſte grande Maiſon du Lude, Dame d'Honneur de la Reyne de Navarre, Marguerite, Sœur du Roy François.

çois. Cefte Fille Anne de Vivonne
fut fort aymée & chérie de fon Pere
& fa Mere : & falloit bien qu'ils euffent en grande Eftime Monfieur de
Bourdeille, & que Monfieur le Sénefchal, qui eftoit un des habiles Hommes de fon Temps, & qui avoit beaucoup veu, même avoit fait le Voyage du Royaume de Naples avec le Roy
Charles VIII, l'avoit connu & remar-
qué pour un fort honnefte Homme &
de grande Valeur. Et bien qu'il fuft
recherché de fort grands Partis, &
plus riches que Monfieur de Bourdeille, fi eft qu'il eut la Préférence
fur tous autres de fa Fille : car, il
difoit, qu'il eftoit d'une très-grande
& des plus anciennes Maifons de
Guyenne, & très-brave & vaillant, &
fur-tout très Homme-de-Bien & d'Hon-
néur. Pour toutes ces Raifons, il
luy bailla fa Fille, qui n'avoit que
treize Ans quand il l'efpoufa, qu'on
craignoit qu'il la gaftaft, & ne puft
jamais avoir Enfans ; car, il avoit un
Advitaillement fi grand & advantageux, qu'il euft fait Peur & Appré-
henfion à une Femme d'un plus grand
Aage.

Lorsqu'il l'efpoufa, il n'eut pas de
Ma-

Mariage, que Vingt mille Francs, qui estoient beaucoup pour lors, & comme aujourd'huy quarante mille : mais, son Pere la rappella puis après, ainsi qu'en est la Coustume de Poictou : &, depuis, en hérita de plus de soixante mille Escus, tant en Terres que les beaux Meubles d'Amville, qui estoient lors des plus beaux qui fussent en Maison de Guyenne.

ELLE fut superbement habillée pour ses Nopces : car, la Reyne Anne, qui estoit sa Maraine, & qui aymoit singulierement Monsieur le Séneschal, voire d'Amour, luy légua par Testament deux Robbes de Drap d'Or, deux de Toille d'Argent, & deux de Damas rayés d'Or & d'Argent, ainsi que ceste Façon en couroit pour lors. Elle luy ordonna aussi deux Paires de Brodures, belles & riches ainsi que la Façon en couroit pour lors.

MONSIEUR le Séneschal son Pere, & Madame la Séneschalle sa Mere, qui en avoit eu de belles de Madame de Bourbon, avec qui elle avoit esté nourrie Fille, & l'aymoit fort, luy firent aussi de beaux Présens, tant de Robbes que Brodures. Les Nopces furent fort somptueuses & magnifiques,

ques, & bien fort auſſi les Amenan-
ces, qui ſe firent à la Tour blanche,
& à Bourdeille. Car, ainſi que j'ay
ouy dire à ma Tante de Grezignat, allérent au-devant de la Mariée juſqu'aux
Portes d'Angouleſme trois cens Gentils-Hommes en deux Bandes, l'une
menée par Monſieur de Bourdeille,
& l'autre par Monſieur de Grezignat,
ſon Frere. Ceux de Monſieur de
Bourdeille eſtoient veſtus de grandes
Caſaques de Velours cramoiſy à l'Al-
banoiſe, & les Chevaux bardez de
meſme. Ceux de Monſieur de Grezignat de Velours jaune, parce que
c'eſtoient les Couleurs de la Mariée
jaunne & rouge : le tout pourtant aux
Deſpens de mon Pere. La Mariée
eſtoit montée ſur une Hacquenée blanche, harnachée de Velours cramoiſy
& Argent, fort ſuperbement : & la
faiſoit très-beau voir à cheval ; car,
elle s'y tenoit fort bien, & paroiſſoit
très-belle comme de vray elle l'eſtoit,
& fort agreable, ainſi que teſmoigne
ſon Portrait repréſenté dans le Sépulchre d'Amville, & ceux de Cathe-
rine & Jehanne, l'une Religieuſe à
Fontevaux, & Jehanne qui fut Madame

me de Dampierre, toutes trois re-préfentant les trois Maries.

LA-DICTE Dame de Bourdeille avoit fix Damoifelles après elle, toutes montées fur Hacquenées, que mon Pere avoit donné, avec Harnois de Velours noir. Entre autres eftoient à elle les deux Marignys, l'aifnée mariée à Urfé, & l'autre à Chemeraut, d'où font fortis Mrs. de Chemeraut qui font annuit, une Fille de Saveil-le, riche Héritiere, & mourut à la Tour-blanche, & enterrée à Cercles, Paroiffe de la-dicte Tour-blanche.

ELLE avoit auffi trois Pages, dont un de la Maifon de Lammary, Parent de la Maifon de Bourdeille, qui ef-toient veftus de Velours rouge pour-pre, doublé de blanc, avec des Ban-des de Velours noir bordé d'Argent, parce que c'étoient les Couleurs de la Maifon de Bourdeille: blanc, noir & rouge (*).

BREF

(*) Ces trois Pages, & Livrée, de Bourdeille, au Mariage d'Anne de Vivon-ne, tirez de fix grandes Mains de Papier écrites de la Main de Brantome, qu'on a perdues à la Mort de Quinet, Directeur de l'Opera vers 1712, à qui on les avoit donné pour faire imprimer la *Vie de Brantome.*

BREF, le Convoy de ces Nopces fut des plus pompeux & superbes qu'on avoit veu il y avoit long-temps en Maison de Guyenne.

OR, chacun pensant que ceste belle Femme arrestast mon Pere de ne plus trotter, & que ce Lien de Mariage le liast tellement qu'il ne bougeast plus sans aller tant voyager, il les trompa bien tous. Car, ayant touché Argent frais, (bien que son Pere durant son vivant ne luy espargnast jamais rien, quand il le vit si honneste Homme pour paroistre sur tous ; car, mon Grand-Pere estoit très-riche de grands Biens & Moyens, & luy donnoit un Entretien très-grand & digne d'un petit Prince ;) il tourne encore delà les Monts trouver Monsieur de Lautrec, qui l'aymoit extrêmement, & qui estoit lors Lieutenant de Roy, & y va avec un fort beau & riche Equipage de Guerre, & avec luy six ou sept Gentils-Hommes de ses Terres, dont le Sieur du Plessac en estoit un, à qui j'en ay ouy discourir.

NE faut point demander si Monsieur de Lautrec luy fit bonne Chere, se voyant renforcé d'un si honneste & brave Gentil-Homme, lequel il vou-

lut

lut pluſieurs fois honorer de Charges; mais, rien moins: il n'y voulut
entendre, & demeura par-delà un
An & demy ſans en bouger, faiſant
tousjours quelque beau Coup digne
de ſa Main. Meſme un Jour, ainſi que
m'a dit une fois Monſieur de Brouillac, qui eſtoit auſſi avec luy, près de
Cremone, il y eut un Capitaine Eſ-
pagnol, ou Italien, qu'on tenoit pour
un très-bon Gendarme, qui demanda
à donner un Coup de Lance, ayant
un Ruiſſeau entre deux, & aſſez gros,
ſi qu'on ne pouvoit aller à luy ſi-non
ſur un petit Pont de Bois, que les
Tables trembloient toutes, & à demy
uſées. Feu mon Pere prend un Cheval d'Eſpagne, ſans dire garre, &
paſſe ſur ce Pont, ſi viſte & légerement,
avec la plus grande Courſe de ſon
Cheval qu'il luy put donner de l'Eſ-
peron, qu'il paſſe de-là, va à ſon
Homme, luy donne un ſi grand Coup
de Lance, qu'il le porte d'un Coſté
par Terre à demy mort, la Selle de ſon
Cheval va d'un autre Coſté, & le Cheval de l'autre: &, ayant fait cela, s'en
retourne ſur le meſme Pont, avec
meſme Viteſſe & Preſteſſe qu'il avoit
fait en allant, avec un grand Eſton-
nement

nement de tous les Regardans, &
crainte que luy & ſon Cheval ne fon-
diſſent & Pont & tout dans l'Eau, &
tourne ſain & gaillard : & dit deſpuis,
que s'il ne fuſt adviſé de prendre ce
Cheval léger & viſte, & en euſt pris
un plus fort ou Courſier, ou Rouſſin,
& ne fuſt allé ainſi viſte, & d'aller
le Pas, il ſe fuſt rompu le Cou, ou
noyé, & tombé & le Cheval & tout.
Il fut fort eſtimé de ce Coup, & des
François, & des Eſpagnols & Italiens :
& parla-t on fort de la bonne & rude
Lance du Seigneur de Bourdeille, enſemble de ſon Eſpée & ſon Bras ; car,
il l'avoit fort robuſte & fort nerveux,
ſans trop Garniture de Chair.

AYANT de meſme de-là les Monts
eſté en très-bonne Reputation, & fort
aymé des Francois ; car, il tenoit très-
bonne Table, deſpenſoit tout, donnoit fort, eſtoit fort libéral. Quand
il voyoit un honneſte Homme, qui
avoit faute d'un bon Cheval, ou autre qui luy en demandoit un, auſſitoſt
il luy donnoit. J'ay ouy conter à
Monſieur de Brouillac, que le pré-
mier Cheval de Guerre & d'Ordonnances, qu'eut jamais Monſieur de
Burie, mon Pere le lui bailla. Auſſi

ne

ne le céloit-il pas , & le difoit fouvent, & honoroit fort mon-dict Pere , &
le venoit voir fouvent en fa Maifon
quand il y fut retiré, & luy portoit
grand Honneur & Refpect, & parloit tousjours du bon Temps avec
toutes les Louanges de mon-dict Pere,
bien qu'il euft eu dans le Piedmont &
au Royaume de Naples, de belles Charges. J'ay veu cela, eftant fort petit
Garçon une fois à la Feuillade. Auffi
mon Pere luy pourchaffa fon Mariage
avec fa Femme, qui eftoit fa Coufine
germaine, de la Maifon de Belleville:
& jamais mon-dict Pere ne l'appelloit
que Coufin, ou Caftron, parce qu'il
eftoit de Sainctonge; car, il avoit ceft
Humeur & Couftume, que guieres il
n'appelloit les Perfonnes par leur
Nom ou Surnom, ou de leurs Seigneuries, mais leur en impofoit quelqu'un, comme fouvent il fe verra en ce
Difcours.

POUR retourner encore à fa Libéra-
lité, feu Monfieur d'Effe, ce grand
Capitaine defpuis, eut auffi de luy fon
premier Cheval de Guerre qu'il eut
jamais, & luy donna avec une très-
belle & bonne Efpée dorée. Il le
difoit par-tout, comme je l'ay ouy
conter

conter à Madame de Dampiere, & à ma Sœur de la Chapelle, qui luy ont ouy dire souvent. Aussi ne fut-il jamais ingrat. Car, tant qu'il a vescu, il a tousjours fort honoré nostre Maison, d'autant qu'il avoit esté nourry Page de feu Monsieur le Séneschal mon Grand-Pere, & disoit avoir bercé cent fois ma Mere : & ne voulut jamais laver avec Madame la Séneschalle ma Grand-Mere, bien qu'il fust esté Lieutenant de Roy en Escosse, & ne lavoit jamais qu'avec ses deux Filles, ma Mere, & ma Tante de Dampiere. Mon Pere ne l'appelloit jamais que Landrecy, parce qu'il avoit léans tenu le Siége, avec le Capitaine la Lande, si bravement contre l'Empereur Charles.

Mon Pere aussi donna son premier Cheval de Guerre, pour aller aux Ordonnances sous Monsieur de Montpezat à Foussan, à Monsieur de St.-Martin de Lisle de Périgord, d'où sont sortis ceux de Lisle-Dieu : & me souviens de l'avoir veu une fois à la Feuillade, qui vint voir mon Pere, & ne se voulut jamais laver avec luy, tant il luy portoit Honneur & Respect, & le disoit estre Cause de son

Advancement, quand il l'envoya aux Ordonnances, & le bailla à Monfieur de Montpezat, fon Coufin, qu'il luy recommanda fort. Auffi luy bailla-t-il la Commiffion d'aller le premier parlementer à Fouffan avec Antoine de Leve. Et puis, quand la Savoye fut conquife, il fut fait Gouverneur & Capitaine du Chafteau de Montmelian. Voilà fon Advancement par le Moyen de mon Pere, lequel ne l'appelloit jamais que grand vilain Pendard, non qu'il ne fuft de très-bonne Maifon, mais, parce qu'il eftoit grand, gros, puiffant, & fort comme un Vilain. C'eft affez pour le Coup parlé de fes Liberalitez, jufqu'à une autre fois.

QUAND l'Entreveuë du Roy François, & Roy Henry d'Angleterre fe fit à Ardres, mon Pere s'y trouva, où il y eut de grandes Magnificences, & fur-tout de Jouftes & Tournois. Madame la Régente luy fit Commandement exprès de n'entrer en Tournois, & luy défendit la Joufte, fous Peine de grande Defobeyffance, & principalement contre le Roy fon Fils, bien qu'il fuft un des bons Hommes d'Armes de fon Royaume: mais, mon Pere l'eftoit bien plus, &

fou-

souvent en avoient fait la Preuve, &
s'estoient essayez & tastez; & Madame la Régente craignoit qu'il ne le
fist chanceller, & quitter l'Estrieu,
& par ainsi qu'il en eust reçeu une
Honte devant une si belle Assem-
blée.

CESTE Deffense fascha fort à mon
Pere; car, il se vouloit fort faire
paroistre pour tel qu'il estoit. Au pis
aller, ne pouvant mieux, & les Mains
luy demangeant, il se mit un Jour sur
les Rangs, & comparoist sur un de ses
Mulets de Coffre, & avec ses Sonnet-
tes il fait trois ou quatre Courses
sur le-dict Mulet qui couroit bien, &
rompt trois ou quatre Lances d'une
grande & belle Force & Roideur, &
puis se retira. J'ay ouy conter cela à
ma Mere, qui lors y estoit, & sur
l'Eschaffaut des Dames, qui arregar-
doient, que quand l'on vit entrer ce
Gendarme, & en tel Equipage, &
qu'on eut dit que c'estoit le Seigneur
de Bourdeille, elle en demeura si fort
estonnée, qu'elle se mit à rougir &
demeurer un peu muette, & dire a-
près, qu'elle eust voulu avoir donné
beaucoup, qu'il n'eust ainsi comparu,
de peur qu'il ne fist quelque Faute.

D 2

Mais

Mais, quand elle vit qu'il eut si bien fait, elle se rasseura, & se resjouyt bien fort, mais bien encore plus, quand il y eut un grand Anglois fort & puissant Gendarme, qui esbransloit tous nos François, & luy fut commandé par le Roy, & Madame la Régente, d'aller parler un peu à luy. Il monta soudain sur un grand Coursier fort, & alla à luy. De la premiere Course, il le fit chanceller, & luy fait toucher la Lice : de la seconde, il le porta par Terre tout-à-trac, dont le Monde s'en esbahit fort ; car, il estoit l'une des rudes Lances de l'Angleterre ; & à mon Pere resta une grande Gloire.

ET, pour ce, le Roy Henry le prit en si grande Amitié, qu'il ne le voyoit pas à demy, & le mena avec luy en Angleterre, pour un Mois, passer le Temps : là-où il le menoit souvent à la Chasse des Oyseaux & des Chiens : & parce qu'il vit que les siens n'estoient pas des bons, ny pour la Perdrix, ny pour le Lievre, il luy dit, qu'il luy en vouloit bailler une demy Douzaine des siens, qui estoient bien autres en Beauté & Bonté, & tous noirs comme Taupes. De quoy le
Roy

Roy fut fort ayfe, & l'en pria de les luy envoyer quand il feroit de Retour chez luy: à quoy, mon Pere ne faillit. Et après avoir pris Congé du Roy, il luy fit Préfent de deux belles Boettes d'Angleterre, & voulut qu'il fift mettre fes Armoiries dans l'Eglife de St. Paul à Londres, fur le grand Vitrail; ce qu'il fit: & les y ay veues paroiftre bien avec ces deux grandes Pattes de Griffon, qu'il faifoit beau voir, lefquelles mon Frere d'Ardelay & moy vifmes & remarquafmes quand nous eftions en Angleterre.

Mon Pere donc eftant de Retour à la Cour, le Roy François luy fit bonne Chere, & luy demanda force Nouvelles de celle que le Roy Henry luy avoit faite, & puis luy dit: *Vous gouverniez paifiblement le Roy mon Frere. Il n'y a que pour vous.* Mon Pere luy dit: *Ah! Chadieu, il eft vray, Sire Roy, je le gouverne mieux que je ne vous gouverne, & l'euffe encore mieux gouverné, fi j'euffe voulu demeurer avec luy. Car, il m'a préfenté de meilleurs Partis que vous ne me ferez jamais. Mais, ny moy ny les miens, ne fufmes jamais Anglois, ny Traiftres. Pour*

D 3

tous

tous les Biens du Monde je ne vous le feray jamais, ny à vous, ny à mon Pays, bien que ne me donnez pas grande Occasion de me contenter de vous. Le Roy se mit à rire, & luy dit, qu'il ne tiendroit qu'à luy qu'il ne fust content de luy, & qu'il luy demandast. *Ah! Chadieu benist!* dit-il. *Vous autres Roys vous promettez prou, quant vous avez Affaire des Gens-de-Bien; & puis rien: mais que vous ayez vos petits Mignons près de vous, vous ne vous souciez de Personne.*

OR, mon Pere estant retourné en sa Maison, il ne faillit pas d'envoyer au-dict Roy Henry le Présent de ces Chiens noirs, qui furent à la demy Douzaine des plus grands & forts Espaigneuils que l'on eust sçeu voir, & des plus beaux, & des meilleurs. Il y avoit quatre Chiens, & deux Chiennes, tous couplez bien gentiment. La Souche, qui avoit esté son Laquais delà les Monts, & estoit Pere de Pechonpe, les mena. Ne faut point demander comment le Roy les trouva beaux & bons, après les avoir essayés; & en loua cent fois mon Pere. Il bailla à la Souche cinquante Escus pour s'en retourner, & une Chaisne de Cin-

Cinquante Escus, qu'il portoit au Cou. Quand il arriva, il se présenta à mon Pere avec son Habillement de Velours noir, que mon Pere l'avoit ainsi habillé avant que partir; si-bien qu'on l'eust pris pour un Gentil-Homme, car il estoit de fort belle & haute Taille, & avoit encore amené une fort belle Guilledyne à mon Pere, que le Roy luy envoyoit. J'ay ouy faire ce Discours au Bon-Homme feu Lieutenant de la Tour-blanche, qui avoit vescu quatre-vingts Ans, qui estoit present à l'Arrivée du-dict la Souche, qui faisoit si-bien sa Mine, & se targuoit & se roguoit, (il m'usoit de ce Mot,) qu'il ne faisoit Cas de Personne avec sa belle Cadene, & la portoit ordinairement, & disoit qu'il avoit gouverné le Roy Henry à la Chasse, & par-tout, & qu'il ne luy faisoit que souvent demander des Nouvelles de son Maistre, & qu'il le desiroit cent fois près de luy : & disoit, que c'estoit un bon Roy, & qu'il avoit vescu tousjours en sa Maison Royale, & avoit commandé de luy faire boire de bon Vin; car, ces Gascons, disoit-il, l'ayment autant que les Anglois , leurs anciens

Freres

Freres & Compaignons.

Ce-dict Lieutenant me fit ce Conte à propos qu'un Jour, parlant
& devisant avec luy, je luy dis que
j'avois veu parmy les Espaigneuils
de la Chasse de la Reyne d'Angleterre
deux Douzaines de Chiens noirs, les
plus beaux que je vis jamais, & que
j'avois Opinion que mon Pere en
eust tiré de-là la Race des siens. Ce
Bon-Homme Lieutenant me replicqua;
Ah! Monsieur, c'est tout au rebours ; car,
feu Monsieur vostre Pere y envoya cette
Race, puisqu'elle y dure encore : & puis
me fit tout ce Conte de cy-dessus.

Et quand la Battaille de Pavie se
donna, mon Pere s'y trouva sans
aucune Charge, car il n'en vouloit
pas, mais pour son Plaisir. Il y fit
très-bien, comme il . . . .

DIXIESME OPUSCULE.

ORAISON
FUNEBRE
DE FEUE MADAME

DE BOURDEILLE,

FAITE PAR MOY

LE SEIGNEUR DE BRANTOME,

SON BEAU-FRERE, QUI FUT DICTE ET PRONONCE'E LE JOUR DE SA QUARANTAINE, PAR UN SÇAVANT PRESCHEUR CORDELLIER DE BOURDEAUX (1).

LA très-haute & très-vertueuse Dame IACQUETTE DE MONTBRON, Madame de BOURDEILLE, a esté extraicte de ceste grande, illustre & antique Maison de Montbron, l'une des

D 5

pre-

____

(1) *On a déja vû ci-dessus*, Tome I. *Page* 524 *&c*, *l'Eloge de cette Femme parmi ceux des Dames Illustres.*

premieres Baronnies d'Angoulmois. Encore la plus faine Voix tient, qu'elle eft la premiere, tant pour fon Antiquité, que pour les grandes Alliances qu'il y a eu en cefte Maifon. Si que de cefte Maifon eft fortie une Fille Reyne de Scicile, & autres Grands & Grandes comme il fe verra en la Généalogie cy-après. Auffi pour les grands Biens, Terres, & Seigneuries, que les Seigneurs de Montbron ont tenus. Car, ils font eftez Comtes de Périgord : encore de bon Droit la-dicte Comté appartenoit à feue ma-dicte Dame. Ont eftez Vifcomtes d'Aunay, Seigneurs & Barons de Montbron, Mathas, Royan, Chef-boutonne, Maulevrier, Sainct-Megrin, Mortague, Archiac, Sertonville, & plufieurs autres Places. Et, fi bon Droit fuft efté gardé à la-dicte Dame, elle fuft eftée en fon Vivant riche de plus de cent mille Livres de Rente.

ET pour éviter Prolixité, & ne rechercher plus avant la Généalogie de la-dicte Maifon de Montbron, comme on la pourroit monftrer de Temps immémorial, je commenceray feulement, à

J. MESSIRE ROBERT DE MONTBRON, le-

lequel espousa Madame Yoland de Mathas, duquel Mariage vint,

II. MESSIRE JACQUES DE MONTBRON, qui fut marié avec la Fille & Héritiere de Messire Regnaud de Maulevrier, & de Madame Beatrix de Cran, Fille de Messire Guillaume de Cran, Viscomte de Chasteaudun, & de Madame Marguerite de Flandres, Fille du Comte de Flandres.

III. DUQUEL Messire Jacques, & de la-dicte de Maulevrier, est issu Messire FRANÇOIS DE MONTBRON, Baron dudict Lieu de Montbron, de Maulevrier, & Viscomte d'Aunay, qui fut marié avec Madame Louyse de Clermont en Beauvoysin.

IV. D'où vint ARCHAMBAUD, Comte de Périgord, Nepveu de ce Cardinal de Périgord, qui vint devant Poictiers, traitter la Paix entre le Roy Jehan, & le Prince de Gales.

V. ITEM, du-dict Messire François & de la-dicte Madame Louyse, est descendu autre Messire FRANÇOIS DE MONTBRON, marié avec Françoise de Vandosme, Fille du Comte de Vandosme.

VI. ET d'iceux est sorty Messire EUSTACHE DE MONTBRON, qui espousa la Fille puisnée du Comte de la

Marche, l'aifnée ayant eftée mariée avec le Roy Charles V, duquel font venus les Ducs d'Orléans, & les Comtes d'Angoulefme, d'où font venus le grand Roy François, & fes Succeffeurs de Valois.

VII. Du-DICT Euftache de Montbron & de la-diête de la Marche eft venu Meffire ADRIAN DE MONTBRON, qui efpoufa Marguerite d'Archiac, Dame & principale Héritiere du-diêt Lieu, Fille aifnée de Meffire Jacques d'Archiac, & de Madame Marguerite de Levy, deux des grandes Maifons d'Antiquité & de Richeffes, qui fuffent en Guyenne.

VIII. D'ICELUY Adrian, & de la-diête d'Archiac, eft iffu FRANÇOIS DE MONTBRON, marié avec Madame Jehanne de Montpezac, Fille puifnée du Vifcomte de Chaftillon; Monfieur le Marquis de Villars ayant efpoufé l'aifnée, de laqueffe eft iffue Madame la Ducheffe du Mayne.

IX. Du-DICT Meffire François, & de la-diête Jehanne, vint Meffire RENE', mort fans Hoirs à la Battaille de Gravelines, & ma-diête Dame JACQUETTE DE MONTBRON, Dame des Vifcomtez & Baronnies de Bourdeille, Archiac Ma-

Mathas, la Tour-blanche, & Sertonville, mariée avec feu Meſſire ANDRE' DE BOURDEILLE, en ſon Vivant Seigneur des ſus-dictes Seigneuries, Viſcomtez, & Baronnies, Chevallier de l'Ordre du Roy, Capitaine de cinquante Hommes d'Armes de ſes Ordonnances, Séneſchal, Gouverneur, & Lieutenant de ſa Majeſté en Périgord.

ENTRE autres belles Preuves d'Antiquité de la-dicte Maiſon de Montbron, je vous diray, qu'il ſe treuve par eſcrit dans les vieux Romans, comme, lors que le Roy Artus, Roy de la Grande Bretaigne, inſtitua les Chevalliers de la Table ronde, qu'on nommoit autrement les Chevalliers errans, ſe trouva une FREDEGONDE DE MONTBRON, qui, par ſa Richeſſe, Beauté, & Vertus, fut fort recherchée des-dicts Chevalliers errans, pour laquelle ils firent pluſieurs beaux Exploicts d'Armes. Auſſi le principal Sujet de leur Inſtitution eſtoit pour conquerir leurs Femmes, plus par leurs beaux Faicts, que par leurs Richeſſes, & Moyens; &, ſur-tout, de ſecourir les belles & honneſtes Dames en leurs Afflictions, ſiaucunes leurs meſadvenoient.

D 7 L'ON

L'ON pourra dire, que ce font Fables
que ces Contes de ce Roy Artus, & des Chevalliers errans. Aucuns le difent, d'autres non. Certes, plufieurs Contes s'en font, qui
parroiffent un peu Fables, mais d'autres parroiffent Hiftoires , en ce
qui contient les beaux Faicts d'Armes
des-dicts Chevalliers, ainfi que nous
en voyons aujourd'huy faire parmy
nous.

TANT y a, qu'il ne faut point
doubter de cefte - dicte Inftitution
du Roy Artus. Elle eft trop certaine,
& defpuis s'eft fort continuée parmy
les Armes, & mefme du Temps des
braves Palladins de Charlemaigne. Et,
bien que les - dicts Contes fuffent
Fables, pour le moins cefte Fille de
Montbron, & cefte Maifon de Montbron, fe treuve en eftre de ce Temps-
là : & que fi elle n'y fuft eftée ny au
Monde, on n'en euft point parlé.

Il fe treuve, que, du Temps & Regne du Roy Charles VI, les Anglois
prinrent le Chafteau de Montbron,
eftant le Seigneur en France, fervant
fon Roy très-fidelement. Il revint
en après, & le reprint, où s'eftoit
retirée une Abbeffe de-là auprès, qui

ap-

apporta toutes ſes Reliques, Richeſſes, & Thréſors, parmy leſquels on
trouva deux grandes Piéces d'Or,
chaſcune peſant cent Eſcus, où y
eſtoient gravez deux Hommes armez
de toutes Piéces, à Cheval, l'Eſpée
à la Main, avec ces Mots eſcrits,
VIVE LES NOBLES SEIGNEURS DE MONT-
BRON & les-dictes Piéces eſtoient faites & forgées, il y avoit plus de trois
cens Ans d'auparavant.

VOUS trouverez, au Catalogue
des Mareſchaux de France, un Seigneur de Montbron, Mareſchal de
France, fait dès la premiere Inſtitution.

POUR éviter la trop grande Prolixité ſur les grandes Louanges de ceſte noble Race, je diray, que tous
les Seigneurs de Montbron, de Peres en Fils, ont eſtez touſjours eſti-
mez très-braves & très-vaillants Chevalliers, & ſe ſont faits ſignaler en
toutes les Guerres où ils ſe ſont trouvez, tant aux Guerres jadis de la
Terre-Saincte, que de celles de de-
là & de deçà les Monts. Dont entre
autres, pour parler briefvement, je ne
nommeray que Meſſire ADRIAN DE
MONT-

MONTBRON , Grand-Pere de ma-
dicte Dame, qui fe trouva à la Battaille de Fournoue , lequel le Roy
Charles VIII print pour l'un de fes
neuf Preux & Confidens, efleus pour
fe tenir près de fa Perfonne, ce Jour-
là, qui l'affifta très-bien avec tous
fes Compaignons, & y fut fort bleffé,
& mefme d'un Grand Coup de Lance qu'il eut au Cou, dont toute fa
Vie il le porta un peu tors, le moins
du Monde, comme on en dit de mefme
du grand Alexandre. Et, defpuis, nos
Roys, Charles, Louys, & François,
l'advancérent pour fes Vaillances, &
l'honorérent de grandes Charges;
car, il fut Lieutenant de Roy en Guyenne, & Gouverneur de la Rochelle,
autant aymé & honoré des Habitans
que Gouverneur ait efté.

IL fe trouve par efcrit, comme le
Roy Louys XII, ce Pere du Peuple,
difoit, qu'il avoit plufieurs Jeunes-
Gens favoris, qu'il aymoit fort; mais,
que s'ils luy demandoient quelque
Don qui foulaft le Peuple, il ne les
aymeroit jamais; & que le Seigneur
de Montbron, (qui eftoit lors Meffire Adrian, & l'un de fes Favoris,)

le

le luy avoit ainfi confeillé. Par là vous voyez la Bonté du-dict de Montbron. Il laiffa plufieurs Enfans après luy, dont l'aifné fut Meffire François de Montbron , Pere de Madame dont nous parlons , très-brave & Généreux Chevallier, qui fut Gouverneur & Lieutenant de Roy dans Blaye : de laquelle Charge s'en acquitta tousjours très-dignement ; & mefmes en une Entreprife que firent une fois les Efpaignols & Anglois là-deffus, que fans la Valeur, Conduitte, & Hardieffe du-dict Meffire François de Montbron, la-dicte Place eftoit prinfe d'amblée.

LE-DICT Meffire François après luy laiffa procréés de fa Chair, & de Dame Jehanne de Montpezac d'Agenez , une très-fage & très-vertueufe Dame, Meffire René de Montbron, & ma-dicte Dame Jacquette de Montbron. Le-dict René commença à porter les Armes fort jeune, en l'Aage de feize Ans aux Guerres d'Italie & Tofcane, quand nous la tenions foubs noftre Grand Henry II. Puis, venant de-là en France , il fut Guydon de la Compaignie de cinquante Hommes d'Armes de ce grand Capitaine

ne Monsieur de Sansac, à laquelle
commandant mourut à la Battaille
de Gravelines en Flandres, livrée
entre ces deux grands Capitaines,
l'un François, & l'autre Flamand,
le Marefchal de Termes, & le Comte d'Ayguemond. Là mourut le-dict
Meffire René de Montbron, après
avoir rendu plufieurs beaux Faicts
d'Armes, en très grande Reputation
& Regret de fon Roy, & de tous
les Gens de Guerre, pour lors eftant en l'Aage de dix-huict Ans, laif-
fant fa Sœur Madame Jacquette de
Montbron, fa feule Sœur & Heritière,
riche de ce Temps-là autant qu'Héritiere aucune de la France, & très-belle, très-fage, & très-honnefte : peu de
Temps avant mariée avec Meffire AN-
DRE' DE BOURDEILLE, defirée & pour-
chaffée de plufieurs Grands de la
France, de fort bonne & grande Maifon ; mais, il l'emporta par-deffus tous
eux, autant par fes Mérites, que
pour la Grandeur de fon antique Race, de laquelle je ne m'eftendray longuement pour en difcourir, & me
contenteray dire feulement, que cefte Race eft des plus antiques de la
France.   Nos Hiftoires Françoifes
n'en

n'en font seulement Mention , mais
les Italiennes & Espaignolles. Aussi
vous trouverez dans les Françoises ,.&
vieux Romans , que, comme j'ay dit ,
ne doivent estre à rejetter , quoy
qu'on die , ou bien , il ne faut advouer
un grand Empereur Charlemaigne ,
ses Pairs , ses grands Barons , Palladins , & Chevalliers , qui ont fait
tant de beaux Faicts d'Armes contre
les Sarrazins & Infideles. Vous trouverez donc dans ces vieux Livres imprimez en Lettre gottique , & escrits
à la Main , comme ce grand Empereur Charlemaigne , se plaignant à
ses Barons du peu d'Assistance que
luy avoient fait en une Entreprise
tramée alors des Sarrazins contre luy ,
il dit , que , sans le grand & bon Secours que luy donna Yvon de Bourdeille , il estoit très-mal. On treuve
force Titres de cest Yvon encore dans
le Thrésor du Chasteau de Bourdeille.

Les Histoires Italiennes & Espaignolles parlent d'un Angelin de Bourdeille , qui fut commandé par l'Empereur d'aller recognoistre les Ennemis, la Vigile de la Bataille de Ronce-
vaux , où il fut tué , & fort regretté
de l'Empereur & des siens , L'Histoire

toire le met au Rang des Palladins, qui n'eſtoit pas peu de Choſe de ce Temps-là, &, après les Pairs, marchoient les premiers, & tenoient grand Lieu. Ceſte Hiſtoire ſe treuve dans un vieux Livre Italien nommé *Morgant*, & un Roman Eſpaignol qui s'intitule *El Suceſſo de la Batalla de Ronceſvalles*, & un autre qui s'intitule, *El Eſpéjo de Cavalleria*.

Pour laiſſer ces antiques Hiſtoires, un HELIAS DE BOURDEILLE ſe croiſa en la premiere Sainĉte-Guerre, & y mourut, dont le Teſtament ſe treuve encore au Thréſor de la Maiſon.

ET, pour deſcendre aux plus recens, un ARCHAMBAUD & ARNAUD DE BOURDEILLE, ſervirent fort bien leurs Roys de France encontre les Anglois; & meſmes Arnaud & JEHAN DE BOURDEILLE, ſon tiers Frere, (qui s'en alla après aux Guerres de Naples d'alors ſous Charles, Duc d'Anjou, & ſi acaza,) accompaignérent tousjours ce grand Foudre de Guerre, le Baſtard d'Orléans, à chaſſer les Anglois de Guyenne, & furent faits Chevalliers devant Fronſſac avec pluſieurs autres : & puis Arnaud fut créé par le Roy ſon
Séneſ-

Sénefchal & Lieutenant - Général en Périgord. Il s'en acquitta très-dignement : & avoit pour lors fon Frere le CARDINAL DE BOURDEILLE, qui fut un Prélat de très-bonne & faincte Vie, qui, pourtant, faifi par trop de Superftition vaine & Refveries du Temps paffé, ne fit jamais de Bien à la Maifon ; eftant de ceux qui difent qu'il valoit mieux faire du Bien aux Pauvres, qu'à fes Parens. Auffi ledict Arnaud ne s'en foucia guiéres : car, il eftoit un très-riche & très-puiffant Seigneur, tant d'Antiquité, & de fes Biens, que par fes Services, Devoirs, & beaux Faicts d'Armes.

ET, pour faire Fin, fans tant rechercher de fi loing, Meffire ANDRE' DE BOURDEILLE, fut Fils de Meffire FRANÇOIS DE BOURDEILLE, (1) qui, en fes jeunes Ans, fe fit tant fignaler au Royaume de Naples, à la Journée du Garillan, foubs ce grand Monfieur de Bayard, où il fut fort bleffé, les Hiftoires le prouvent, & puis à la Battaille de Pavie. Et, pour ce, ledict Meffire André de Bourdeille, ne voulant en rien degenerer de fon brave Pere & fes Predeceffeurs , eftant

fort

(1) *On a vû ci-deffus*, Opufcule IX, un Fragment de fa Vie.

fort jeune, se mit à la Guerre de fort bonne Heure. Il fut, du Temps du Roy François, aux Guerres de Landrecy, de Marolles, du Camp de Jalon, & de Boulougne ; du Regne du Roy Henry, à la Guerre d'Escosse, au Voyage d'Allemaigne, & Siége de Metz, & puis a esté Prisonnier dans Hesdin, & demeura six Ans Prisonnier en Flandres, d'où n'en sortit qu'après la Trefve faite entre l'Empereur & le Roy : &, la Guerre Espaignolle se recommençant, il continua tousjours les estrangeres, & aux Civiles, servit très-fidelement tous ses Roys, & mesmes aux Battailles de Jarnac & Montcontour, ayant Charge de cinquante Hommes d'Armes, & est mort Chevallier de l'Ordre, Lieutenant de Roy en Périgord, son Séneschal, & Gouverneur, avec beaucoup de Reputation d'estre mort fort pauvre au Service du Roy. Il estoit, du Costé de sa Mere, Madame Anne de Vivonne, allié fort estroictement de la Maison de Bretaigne, Savoye, & de Nemours. Cela se peut monstrer au Doigt, sans grande Prolixité. A tant, c'est assez parlé de luy, & de sa Race. Car, nostre Thême & principal
Su-

Sujet, tend plus à Madame de Bourdeille, pour laquelle ceste noble & saincte Cerimonie se celebre aujourd'huy en sa digne Commemoration.

Pour parler donc de Madame de Bourdeille, elle fut en son Vivant une Dame très-accomplie & de Corps, & d'Ame. Du Corps, ce fut une des belles Dames de France, ainsi jugée par les Grands & Grandes à la Cour, & en tous les Lieux où elle a comparu. Son Visage très-beau, remply de tous les beaux Traits de la Face & des Yeux que peut loger une Beauté. Sa Grace, sa Façon, son Apparence, sa riche & haute Taille, & sur-tout sa belle Majesté, si que par-tout on l'eust prinse pour une Reyne, ou grande Princesse. Aussi estoit-elle extraicte de si haut Lieu, qu'elle en pouvoit bien tenir; laquelle, à cause de la Fille de la Marche, mariée en sa Maison, comme j'ay dit, avoit cest Honneur d'appartenir à ceux d'Orléans, d'Angoulesme, de Bourbon. Aussi feu Antoine de Bourbon, Roy de Navarre, se contentoit bien de l'appeller sa Cousine: le Roy d'aujourd'huy, & Madame sa Sœur, en ont fait de mesmes.

Elle

Elle eſt mort Tante (à la Mode de Bretaigne, à cauſe de la Maiſon de Mareuil,) de Monſieur de Mont-penſier, qui eſt aujourd'huy. Bref, la Grace & Majeſté paroiſſoient en ceſte Dame de toutes Façons.

Auſſi, la Reyne-Mere derniere, pour mieux embellir ſa Cour, la print à ſon Service pour l'une de ſes Dames, & la cherit bien fort. Elle veſquit en ſa Cour avec une belle & illuſtre Reputation : non qu'elle s'y voulut par trop aſſiduer, ny aſſubjec-tir ; deſirant plus eſlever ſa belle & noble Famille, que ſéjourner à la Cour tant comme d'autres font.

Elle fut très-belle en ſon Printemps, très-belle en ſon Eſté, & très-belle en ſon Autonne : &, ſi de ſon Temps les Chevalliers errans euſſent eu Vo-gue, elle euſt bien fait reluire plus leurs Armes, que n'avoit fait jamais ſa Predeceſſereſſe Fredegonde de Mont-bron, pour l'avoir à Femme.

Avant qu'elle tombaſt en ſa Ma-ladie, qui luy a duré & tenu ſept Mois juſqu'à ſon Decès, elle parroiſſoit auſ-ſi jeune & belle comme en ſon Eſté, bien qu'elle ſoit morte en l'Aage de cinquante-ſix Ans. Et ne faut point
doub-

doubter ,que, fi elle euft vefcu encore dix Ans, fa Beauté ne s'en fuft nullement effacée, tant elle eftoit de bonne & belle Habitude, & prédeftinée à toute Beauté, qu'elle a laiffé à Meffieurs fes Enfans ; & fur-tout à Mefdames & Damoifelles fes Filles, comme à Madame la Comteffe de Dhurtal, à feu Madame la Vifcomteffe d'Aubetterre, à Madame d'Ambleville, & Madamoifelle de Mathas, très-belles, très-fages Dames & Filles.

POUR Meffieurs fes Enfans, leurs belles Armes, qu'ils ont fait valoir jufques icy en leur jeune Aage, font bien paroiftre ce qu'ils font & feront un Jour, la vraye Semblance & Imitation de leurs Peres, Grands-Peres, Ayeulx, Bifayeulx, & leurs antiques Prédéceffeurs, tant du Cofté du Pere, que de la Mere, fi qu'ils fe peuvent dire & vanter extraicts, de l'un & de l'autre Cofté, de deux auffi grandes Maifons qu'il en ait en France. Auffi en cefte honnefte Dame eft finie le vray Chef & la vraye Branche de Montbron : car, tous ceux, qui en portent aujourd'huy le Nom, en font d'une autre Branche, long-temps féparée de la premiere & de la grande.

Pour parler de l'Ame de cefte illuftre Dame, qui l'a cognue, jugera avoir eftée une des accomplies de la France. Elle eftoit fage & fort vertueufe & fur-tout très-bonne, aymant fort fon Peuple; & jamais ne le foula, ains foulagea tousjours. Il le peut bien tefinoigner. Elle avoit l'Efprit fort bon & fubtil, & le Jugement fur-tout ferme & folide, qui ne fe rencontrent pas tousjours en un mefme Subject. Elle parloit fort bien, & avec de très-beaux Termes, & de toutes Chofes, foit de Théologie & d'Hiftoires. Elle efcrivoit très-bien, & fort éloquemment. Plufieurs Lettres, qui fe treuvent d'elle, efcrites aux plus grands & grandes, aux moyens & moyennes, communs & communes Perfonnes, en font Foy : quelque Sujet qu'elles traictent, foient Guerres, Affaires, & de toutes Sciences, bref de toutes Chofes ; car, elle n'ignoroit rien : & fon Entretien eftoit très-beau, & tousjours plein de beaux Difcours & Paroles.

ELLE a fait & compofé de trèsbelles Poëfies, & d'autres belles Chofes en Profe, qui fe voyent & fe
treu-

treuvent en son Cabinet parmy ses Livres, de la Lecture desquels elle estoit très-curieuse, & s'y addonnoit ordinairement, & Jour, & Nuict. Elle parloit & entendoit bien la Langue Espaignolle & Italienne, & quelque peu le Latin.

Sur tous les Arts elle ayma fort la Géométrie & Architecture, y estant très-experte & ingenieuse, comme elle a bien fait paroistre en ce superbe Edifice & belle Maison de Bourdeille, qu'elle fit bastir de son Invention & seule Façon, qui est très-admirable. Aussi Salomon dit, que la sage & honneste Femme, faut qu'elle bastisse sa Maison. Tousjours elle a fait bastir & remuer Pierre en toutes ses Maisons, estant tousjours assidue en quelque belle Action, comme à ses Ouvrages, ausquels elle fut fort industrieuse & labourieuse, & sur-tout en ceux de Soye, d'Or, & d'Argent, qu'elle aymoit plus que tous autres. Aussi de Grandeur à Grandeur il n'y a que la Main.

Elle fut une grande & sage Oeconome, comme elle a fait paroistre; car, son Mary la laissa endebtée de deux cens mille Francs, à cau-

se

se des Debtes qu'il avoit fait pour le Service du Roy. Elle est morte desendebtée quasi du tout, ayant laissé à ses Enfans de quoy à se defendebter du reste, qui est peu.

ET, bien qu'elle fust si bonne Oeconome & Mesnagere, elle estoit très-libérale: car, elle n'estoit jamais à son ayse, si-non quand elle donnoit, disoit-elle, & comme on l'a veu très-splendide; aussi ne voulant se retrancher de sa Grandeur, tenant une grande Maison tousjours sans Superfluïté pourtant.

SON Mary la laissa veufve en l'Aage de trente-six Ans venant au trente sept, très-belle & très-riche de son Costé, & garnie de quatre belles Maisons, très-fort honneste & desirée, autant pour ses Vertus & Beauté, que pour ses Richesses, & recherchée de six ou sept Grands de la France, ausquels ne voulut jamais entendre, non pas seulement d'ouyr parler de ce seul Mot de second Mariage, tant elle porta de Révérence aux Cendres de son feu Mary, & à ses petits Enfans mineurs, lesquels luy doivent une Obligation immortelle, & font tenus à jamais de la regretter, & prier Dieu pour

elle,

elle, & pour fon Ame : autrement, ne faut doubter qu'il ne les en puniffe ; car, il faut croire, que, fi elle fe fuft remariée, ils n'auroient les Biens qu'ils ont.

AUSSI où fe treuve-t-il de telles Dames veufves, fi vertueufes, & fi généreufes, que celle-là, que pour folemnifer la Perte du Mary, & ne perdre la Grandeur de fa Maifon, mena cefte Vie retirée de fecondes Nopces? Monftrant en cela un grand & généreux Cœur, comme certes elle l'avoit tel en fon Vivant, le monftrant grand & haut parmy les Grands, & humble envers les Petits.

UN de ces Ans, durant ces Guerres dernieres, il y eut un Grand, qui eft mort, qui la menaça de l'aller affiéger en l'une de fes Maifons, & y mener le Canon. Elle fit Refponfe, qu'elle eftoit extraicte en partie de cefte grande & généreufe Comteffe de Montfort, qui endura fi vertueufement le Siége dans Annebon ; &, tenant d'elle, & de fon Cœur, qu'elle l'attendroit en fa Maifon, de mefme Vertu & Courage.

TANT qu'elle a eftée malade l'Efpace de fept Mois, de la Maladie,

E 3

dont

dont elle est morte, son bon Courage l'a tousjours entretenue & sup-
portée jusques à la Fin, bien qu'elle
enduraft beaucoup de Douleur, ne
faisant jamais Priere à Dieu qu'il luy
donnaft Santé, mais seulement de la
Patience : & n'en pouvant plus, & ses
Forces venant à faillir, elle rendit
l'Ame à Dieu de la plus douce Mort
qu'on vit jamais mourir Personne :
car, on la tenoit esvanouye, comme
le Jour avant elle estoit tombée en
trois Sincoppes ; & , tournant les
Yeux en la Teste, aussi beaux & doux
que jamais, trespassa si doucement,
qu'on ne la vit jamais faire aucune
Mine affreuse, ny Geste effroyable,
mais si doux & immobile, qu'on ne
luy vit jamais remuer, ny Bras, ny
Pieds, ny Jambes, ny Teste ; si qu'on
ne la pensoit pas morte. Mort douce, certes, digne de sa douce Vie.
En quoy Dieu l'exauça en ses Prieres ;
car, bien souvent en sa plus grande
Santé, & ses beaux Discours, dont
elle n'estoit jamais despourveue, elle
souhaitoit & prioit tousjours Dieu,
de luy envoyer une Mort très-douce, & nullement hydeuse, horrible,
& affreuse, comme elle en avoit veu
mou-

mourir plusieurs. Ce qui a esté une grande Bénédiction de Dieu & Signe assez évident, que Dieu l'a reçeue en son sainct Paradis.

ONZIESME OPUSCULE.

TOMBEAU

DE

MADAME DE BOURDEILLE,

En Forme de Dialogue, fait par son Frere

DE BRANTOME,

Qui parle avec elle, & elle respond.

BRANTOME.

FAUT-IL donc que je reste, & que soyez allée,
MADAME, devant moy là-bas en la Vallée,
Des Esprits bien-heureux, d'où plus on ne revient;
Encore ne sçait-on ce que l'Ame y devient ?

E 4   MAD.

MAD. DE BOURDEILLE.

SI vous estes resté, n'en soyez en
    Pensée :
FRERE, c'est fait de moy, la Chance en
    est passée.
Dieu l'a ainsi voulu, qui nous oste,
    & nous met
En tel Lieu qu'il luy plaist, & de nous
    se demet.

B.

DITES-MOY donc, pour Dieu, quelle
    est vostre Demeure
En cet autre beau Monde ? Y est-el-
    le bien seure ?
Quels Plaisirs y a-t-il ? Quelle en est
    la vraye Foy,
Sans que je m'en arreste à ce qu'en
    dit la loy ?

M. DE B.

LES Ames icy bas heureusement y vi-
    vent,
Après la Mort du Corps, renaissent,
    & revivent ;
Et contentes n'ont plus de Crainte
    ny Soucy,
Sont franches de tout Mal. Ainsi je
    vis icy.

B. JE

B.

Je le veux ainſi croire. Et où eſt la Promeſſe,
Que me faiſiez icy, de ſi grande Fer-
meſſe,
Eſtans en nos Douceurs, de nous venir revoir,
Si mourriez la premiere, & me le faire voir ?

M. DE B.

Ce ſont des Diſcours vains, qu'on
fait en noſtre Vie,
Moins pleins de Vérité qu'ils ſont de
Fantaiſie.
Les Eſprits bien-heureux ne s'en vont
d'icy bas,
Quand ils ſont une fois arreſtez du
Treſpas.

B.

Et les Anges du Ciel deſcendent bien
en Terre,
Voletent parmy nous, & tournent à
grand Erre,
Là-haut en leur Manoir, conter ce
qu'on y fait :
Pourquoy n'en fait de meſme un Eſprit tout parfait ?

M. DE

E 5

M. DE B.

DIEU ne l'a pas permis; car, il veut
    que l'on croye
Ce que son Fils a dit, & que par Foy
    l'on voye
Noſtre Félicité, qu'on doit repreſenter
Par les Yeux de l'Eſprit, ſans d'ail-
    leurs le tenter.

B.

AH! qu'un Payen ſubtil vous pourroit
    bien reſpondre
A vos belles Raiſons, & meſme les
    confondre,
S'il ne vouloit s'ayder des Vers Vir-
    giliens,
Qui nous forment ſi beaux vos Champs
    Elyſiens.

M. DE B.

UN Meſcroyant croira ce qu'il voudra
    mal croire;
Mais, il ne peut oſter par ſes Raiſons
    la Gloire,
Qu'ont les Ames d'icy en leur Félici-
    té,
Jouyſſantes à plein de l'Immortalité.

B.

Où eſt ceſte Beauté, dont eſtiez ad-
    mirée
Si fort de par-deçà, & du Monde a-
    dorée,

Ra-

Raviſſant un chacun; ceſte Taille &
    ce Port,
Ceſte grande Majeſté, ce Geſte, & ceſt
    Abord?

M. DE B.

CESTE humaine Beauté eſt du tout ef-
    facée,
En une autre plus belle elle eſt du
    tout changée.
Vos Beautez ne ſont rien icy bas par-
    my nous:
Nous avons d'autres Yeux, & des
    Regards plus doux.

B.

JE ne croy pas cela. Vous eſtiez par
    trop belle,
Quand vous eſtiez icy, pour changer
    de Modelle:
Ou bien le Ciel vous a changée tout
    exprès,
Luy oſtant ſa Clarté, l'approchant de
    trop près.

M. DE B.

JE me contente aſſez que j'aye ſa Lu-
    miere,
Qui me donne au Viſage, & me ſens
    plus entiere

 En

En mes Beautez aftheure (1), & me
    décore plus ,
Que les Yeux que j'avois mondains &
    fuperflus.

B.

Je ne m'eftonne plus , fi faites peu de
    Compte
De nous venir revoir , puis que l'Heur
    qui vous dompte ,
Eft un Heur non-pareil , & vous tient
    tellement ,
Que ne faites de Cas plus de nous au-
    trement.

M. DE B.

Frere , j'abhorre tant ma Demeure
    premiere ,
Comme j'eftime autant ma Demeure
    derniere.
L'une de tout Bien pleine , & l'autre
    de tout Mal ,
Que je m'arrefte icy fur mon Deftin
    fatal.

B.

Invoquez donc pour moy la Divine
    Puiffance ,
Le Ciel, les bons Demons , des Af-
    tres l'Influence ,

Que

(1) *Pour* à cette Heure. *Expreffion,
au mauvaife Ortographe, affez ordinaire du
Tems de* Brantome.

Que je forte bien-toft de ce fafcheux
    Sejour,
Et que j'aille revoir encor voftre beau
    Jour.

M. DE B.

EN cela ne fe peut contenter voftre
    Envie;
Car, vous eftes efcrit dans le Livre
    de Vie,
Dès le Commencement que le Mon-
    de fut fait.
Ce qui eft arrefté, ne peut eftre re-
    fait.

B.

POURQUOY ne puis-je aller contre cef-
    te Ordonnance,
En me donnant la Mort? Ma propre
    Violence
Me peut faire jouyr bien-toft de vos
    beaux Yeux.
Je ne fais que languir : le Mourir eft
    mon mieux.

M. DE B.

NE faites pas cela. Qui fort fans la
    Licence
De Dieu hors de fa Place, il com-
    met grande Offence,
Il gagne fon Enfer. Eftant-là defor-
    mais
Faudroit dire l'Adieu, pour ne me voir
    jamais.

E 7   B. RIEN

B.

RIEN donc que cela seul n'empesche
    le Paſſage
De la Mort par moy-meſme, & ne me
    faſſe Outrage;
Car, je ſerois damné, & par ainſi
    privé
De vous voir en cet Heur qui vous
    eſt arrivé.

M. DE B.

VIVEZ doncques, vivez, tant que la
    Deſtinée
Voudra rouler vos Jours. Puis, eſ-
    tant debornée,
Venez nous voir icy, Frere, je vous
    attends.
Vos Deſirs & les miens en ſeront plus
    contents.

B.

PUIS donc, qu'il me faut vivre ainſi
    par la Contrainte,
Madame, donc Adieu : je finis ma
    Complainte.
Je ne finis pourtant mes Soupirs, ny
    mes Pleurs,
Ny finiray pour vous à jamais mes
    Douleurs.

DOU-

DOUZIESME OPUSCULE.

AUTRE TOMBEAU DE

MADAME DE BOURDEILLE
Fait par son mesme dict FRERE.

PAssant, arreste-toy un peu, je te prie, & t'amuse à voir & admirer ceste Tombe, bien qu'elle ne soit construite d'aucune excellente Matiere, ny de grand Artifice, comme tu vois. Mais, dedans y gist un Corps de très-haut Prix.

Icy gist donc la très-haute, puissante, noble, & illustre Dame JACQUETTE DE MONTBRON, issue de ceste grande, riche, & ancienne Maison de Montbron, premiere Baronne de l'Angoulmois, du Costé du Pere; & de la noble & ancienne Maison de Montpezac d'Agenès, du Costé de la Mere.

ELLE fut Femme de Messire ANDRE' DE BOURDEILLE, de ceste grande aussi & ancienne Race de Bourdeille, en son Vivant Chevalier de l'Ordre du Roy, Capitaine de cinquante Hommes d'Armes, & Lieutenant du Roy en Périgord.

E L-

ELLE fut l'une des Dames fort favorite de la Reyne Mere de nos Roys.

ELLE fut Dame de Bourdeille, Mathas, Archiac, la Tour-blanche & Sertonville; cinq Maisons de très-grande Marque.

TOUTES ces Qualitez ne font rien; car, ce font Biens de la Fortune, qui tombent communément à plusieurs Personnes. Celles, que je vais dire, font autres.

CE fut une des belles Dames de la France en son Printemps, son Esté, & son Autonne. Son beau Visage, & ses beaux Yeux sur-tout, en faisoient la Foy, avec sa belle & riche Taille, sa Grace, sa Façon, son Port, & son Abord, & sa Majesté, qui la parangonnoit à une Reyne. Aussi de son Estre en est-il sorty une Reyne de Scicile. Toutes ces Beautez, en son Temps, ne l'ont rendue moins admirable que désirable.

Ce n'est encore rien que tout cela. Elle eut une Ame très-belle, un grand Esprit, un Jugement solide, qui peu se rencontrent en un mesme Subject; fut sçavante en toutes Sciences, fut bien parlante en très-beaux Termes, bien & disertement escrivante de tou-

tes

tes Chofes, fort remplie de beaux Difcours & Entretiens ; fut fort fage, vertueufe, généreufe, magnanime, fplendide, & très-libérale.

Voicy Chofe rare : fut Veufve à l'Aage de trente-fix Ans, belle, jeune, riche, defirée & recherchée de tout un Monde, & fe contint tousjours pourtant en fa Viduïté feize Ans & plus, au bout defquels mourut d'une Mort très-douce, comme elle avoit tousjours defiré, en fon Chafteau d'Archiac, le 28 Juin 1598, regrettée à toute Outrance de toutes Perfonnes qui l'avoient cognue, & qui en avoient ouy les Louanges. Elle n'eftoit qu'à fon demy Autonne, autant belle, & de Corps, & d'Ame, que jamais ; mais, fon Deftin alors fans aucune Apparence la nous ravit. Que maudiêt foit le Deftin !

Voila', Paffant, ce que d'elle je vous en puis dire pour ce Coup, le plus grandement, & le plus briefvement. Mets-le en ta Mémoire, & puis va racontant par-tout où tu pafferas, que tu as icy veu & laiffé un Corps d'une Dame icy gifante, en fon Vivant l'une des plus accomplies & parfaites Dames de la France.

T R E I-

TREIZIESME OPUSCULE.

EPITAPHE
OU
TOMBEAU
DE
MADAME D'AUBETERRE,
MA NIEPCE,
fait par moy
DE BRANTOME,
son Oncle, en Forme de Dialogue,
l'Oncle & la Niepce parlans.

L'ONCLE.

AU lieu de beaux Oeillets, de
    Lys, & Roses tendres,
je vous offre mes Pleurs, mes Larmes
    mes Sanglots :
Au lieu d'un Marbre beau, pour en
    couvrir vos Cendres,
je vous offre mes Yeux, pour arrou-
    ser vos Os.

LA

LA NIEPCE.

MAIS, pluſtoſt que pleurer, & des Larmes repandre,
Jettez à pleins Paniers ſur mon triſte Tombeau
Roſes, Lys, & Oeillets. J'yray tant mieux deſcendre,
Et tant plus doucement, là-bas en ce Champ beau.

L'ONCLE.

Mais, qui eſt-il celuy, fuſt de Fer, fuſt de Roche,
Qui, vous ayant perdu, ſi parfaite en Vertus,
Songeant à un tel Deuil d'une Perte ſi proche,
Ne creve de pleurer, & n'ayt les Sens perdus ?

LA NIEPCE.

Tant de Pleurs me font vains, & tant de Larmes vaines,
Ores que j'ay mes Yeux ſillez pour deformais.
C'eſt bien pour appaiſer les Perſonnes humaines,
Mais non les Déïtez, qui n'en veulent jamais.

L'ON-

L'ONCLE.

Au moins, ſi je pouvois, par bonne
   Deſtinée
De la Mort qui me prinſt, vous oſter
   de là-bas.
Ah? qu'il me ſeroit doux n'attendre
   pas l'Année,
Non pas un ſeul Moment, pour aller
   au Treſpas.

LA NIEPCE.

Cela ne ſe peut pas. Le Souhait s'en
   envole,
Et ne vous ſert de rien. Pourquoy,
   réſolvez-vous
N'aller encontre Dieu, & changez de
   Parole,
Ou bien de ſupporter un Repos qui
   m'eſt doux.

L'ONCLE.

Doux vous eſt-il bien! Ainſi je le veux
   croire
Par vos meſmes Propos que m'avez dit
   ſouvent
Enſemble en nos Diſcours, & que
   pour telle Gloire
Vous vouliez triompher ſans aucun
   Tardement.

LA

LA NIEPCE.

Souvent vous l'ay-je dit. Souvent m'a-
vez reprife
De fi fafcheufe Humeur. Vous l'ap-
pelliez ainfi.
Mais, aux Tourmens humains j'eftois
trop bien apprife ;
Et, pour m'en garantir , je voulois
eftre icy.

L'ONCLE.

Encor, s'il fe pouvoit , par quelque
Art vous refaire,
Ou vous faire fortir de ce Lieu téné-
breux,
Et vos Membres poudreux en tel Art
vous portraire,
Que je puffe revoir les Traits de vos
beaux Yeux !

LA NIEPCE.

Ceste Curiofité, mon Oncle , n'eft
pas pie ,
Et Dieu encontre vous s'en pourroit
irriter.
Si vous m'avez aymé , ceffez-là , je
vous prie ,
Et mes Manes laiffez icy-bas habi-
ter

L'ON-

L'ONCLE.

Mais quoy ! ma chere Niepce. Eh !
  faut-il que je vive,
Aprés vous ainfi morte, & que j'aille
  icy haut
Traifnant mes Jours fans vous , &
  que je vous furvive ?
Non, non; il faut mourir , de vivre ne me chaut.

LA NIEPCE.

Je ne fuis pas , mon Oncle , encor
  toute morte ;
Car, je veux que mon Ame aille en
  vous voletant
Et y faffe maints Tours : fi que feray
  en forte,
Que la voftre verra luy paroiftre fouvent.

L'ONCLE.

Mais, où fera ce Ciel, & cefte belle
  Face,
Cefte belle Façon , & cefte Majef-
  té,
Ce beau Corps, ce beau Port, cefte
  naïve Grace,
Ce doux & beau Parler tout plein
  d'Honneftetez ?

LA

LA NIEPCE.

CHER Oncle, en tout cela, perdez-y
  voſtre Attente :
Il n'en faut plus parler. Le Ciel m'a
  tout oſté,
  our en orner ſon Siége. Il faut que
  me contente
De ce que fais aſtheure , & ce que
  ſuis eſté.

L'ONCLE.

HE' quoy! Le Ciel ainſi prend-il ces
  belles Ames ?
Ne ſe contente-t-il pas de ſes luyſans
  Flambeaux,
Sans nous deſenlever tant de parfaites
  Dames,
Pour encor y admettre autres Aſtres
  nouveaux ?

LA NIEPCE.

C'EST tout ainſi qu'on voit une belle
  Pucelle
Avarement cueillir de ſa blanchette
  Main
Force nouvelles Fleurs pour paroiſtre
  plus belle,
Et parer ſes Cheveux , ſa Teſte , &
  ſon blanc Sein.

L'ON-

L'ONCLE.

ENCOR ſi vous euſſiez comply quelque
    long Aage !
Mais, ſur vos plus beaux Ans, ceſte
    fiere Atropos
Vous a ravy ſi-toſt, vous mettant au
    Paſſage
De ce faſcheux Caron, ſans Droit, ny
    ſans Propos.

LA NIEPCE.

Qu'y feriez-vous, cher Oncle ? ainſi,
    ainſi, periſſent
Les belles jeunes Fleurs en leur plus
    beau Printemps.
Les Roſes n'ont qu'un Jour, qu'auſſi-
    toſt ne fanniſſent.
Ainſi jeune je ſuis la Proye de ce
    Temps.

L'ONCLE.

HE' ! mon Dieu! qui m'oſtera de voſtre
    longue abſence
Le Soucy, que j'en porte, & porteray
    tousjours ?
Mon Dieu! Je ne voy point aucune
    Apparoiſſance
De pouvoir donner Joye à mes lan-
    goureux Jours.

La

LA NIEPCE.

Cher Oncle, vous avez ma très - hon-
nefte Mere,
Et mes trois bonnes Sœurs des quatre
ayant efté,
Mes Freres, & ma Fille : en leur Ame
très-chere
Vous ont tousjours aymé, & grand
Honneur porté.

L'ONCLE.

Vous dites vray, ma Niepce. Auffi j'en
prends Créance.
Qui eft le Mefcroyant, qui n'en veut
s'affeurer ?
Pourtant je veux en moy avoir la
Souvenance
de voftre belle Idée, & tousjours
l'honorer.

LA NIEPCE

Le voulez-vous ainfi ; Puis donc que
la premiere,
Cher Oncle, je m'en vais au Champ
Elyfien,
Je feray là pour vous quelque bonne
Priere ;
Et, quand vous y viendrez, nous
en cauferons bien.

L'ONCLE.

ET cependant je vis , en Defpit de
    ma Vie.
Je vis les Jours fi longs , malheu-
    reux que je fuis,
Que vous deviez furvivre ! Hé faut-il
    que l'Envie
Me retarde le Bien qu'à Bonheur je
    pourfuis ?

LA NIEPCE.

MAIS , bien mieux, mon cher Oncle,
    afin que puiffiez vivre
Encor plus longuement, vivez très-
    bien vos Jours :
Vivez encor les miens, ne vous pou-
    vant furvivre,
Sans aucuns longs Travaux, ny Pei-
    nes, ny Détours.

L'ONCLE.

PUIS donc que le voulez, je m'en
    vay donc contraindre
A ce Vivre fafcheux ; mais, ce n'eft
    pour autant
Que par fournir mes Jours à vous
    tellement plaindre,
Que je vis feulement vous feule en
    regrettant.

LA

LA NIEPCE.

Pour Dieu, mon très-cher Oncle,
    achevez voftre Plainte,
J'en fens en moy troubler ma Joye
    & mon Repos :
Pour vous voir fi dolent, j'en fens
    mon Ame atteinte.
Ce n'eft ce que demande un Corps
    icy enclos.

L'ONCLE.

Adieu donc, Madame. Ainfi que je
    vous donne
Mes Larmes & mes Pleurs, je vou-
    drois vous donner
Mes Yeux pour ne voir plus fans
    que je leur pardonne,
Pour vous pleurer fans ceffe, & rien
    qu'un Deuil mener.

QUATORZIESME OPUSCULE.

AUTRE TOMBEAU
EN PROSE, POUR MA-DICTE
DAME D'AUBETERRE.

Passant, je te voy tout penfif,
    comme un qui veut fçavoir de qui

eſt ce Sépulchre, & quel noble Corps
il peut enclorre.   Je te le vais dire,
pour t'en oſter d'Eſmoy.

JE ſuis icy giſſante, en mon Temps
ceſte belle RENE'E DE BOURDEILLE,
iſſue du Coſté du Pere de ceſte noble & ancienne Maiſon de Bourdeille,
& de celle de Montbron touchée de
meſme Marque noble du Coſté de la
Mere.

JE fus Femme de Meſſire DAVID DE
BOUCHARD, Chevalier fort renommé,
à moy pourtant peu eſgal. Je luy fus
très-loyalle en Mariage. Je le fus encore en Veufvage; car, luy mort, je
ne voulus le ſurvivre, ſans ſa Fille,
qu'il me laiſſa en bas Aage ; & pour
l'Amour d'elle, je voulus maugré moy
encore vivre trois Ans, après leſquels je
fus contente que la Triſteſſe m'achevaſt
& m'oſtaſt de ceſte Vie; bien que j'euſſe aſſez de quoy pour la deſirer, ſi j'euſſe voulu : car, on me donna le Los en
mon Vivant d'eſtre l'une des plus
accomplies Dames de la France, fuſt
pour la Beauté du Corps, fuſt pour
la Beauté de l'Ame, qui me firent fort
deſirer de pluſieurs honneſtes Gens
d'une Recherche de ſecond Mariage.
Je n'y voulus jamais entendre, pour
re-

reporter au Ciel à mon Mary la Foy à luy donnée, & si bien gardée en Terre.

ADIEU, Passant. Dis, en te retirant, à ceux qui t'enquerront de moy, que toutes les plus grandes Beautez, & les belles Graces, & toutes les Perfections, qui ont estées avec moy autrefois, ne me sont rien au Prix de la Félicité dont maintenant je jouys. Je mourus en ma trentiesme Année, le huictiesme de Septembre, l'An 1593.

JE romps icy ma Plume, & à jamais je ne trace plus de Vers, que j'avois quitté despuis vingt Ans, comme il paroist à ma grossiere Rime, & qui sent son Antiquité à pleine Gorge. Mais, pour honorer la Mémoire de ces honnestes Dames, je me suis advanturé d'escrire cecy tellement quellement. Aussi dès-lores je prends Congé des Muses, & leur dis Adieu pour jamais. Qui aura bien cognu ces Dames, des belles & des honnestes du Monde, (il faut que la Vérité m'en fasse ainsi parler) pourra dire me sçavoir bon Gré, si pour elles j'ay fait tels Regrets.

QUINZIESME OPUSCULE.

NOMBRE ET ROLLE DE MES NEPVEUX, PETITS-NEPVEUX, OU ARRIERE-PETITS-NEPVEUX A LA MODE DE BRETAIGNE QUE MOY BRANTOME JE PUIS AVOIR, ET QUE J'AY FAIT AUJOURD'HUY , 5, NOVEMBRE M. DC. II.

PREMIEREMENT, mes deux Nepveux, Mrs. le Viſcomte de Bourdeille, & le Baron de Mathas , Enfans de Monſieur de Bourdeille, mon Frere aiſné.

MESSIEURS de St. Bonnet (*) & d'Ambleville (**) , qui ont eſpouſé mes deux Niepces, Iſabeau & Adriane de Bourdeille, Filles de mon-dict Sieur Frere aiſné; bien que je ne mette guiéres en Compte M. d'Ambleville, deſpuis que, de Gayeté de Cœur, il s'eſt

dif-

(*) Léonard d'Eſéars Sieur de St. Bonnet.

(**) Juſſac d'Ambleville.

diftrait de mon Amitié, & fans Sujet.

MONSIEUR d'Aubeterre, pour avoir efpoufé ma Petite-Niepce, Fille de Madame Renée de Bourdeille, ma Niepce, Dame d'Aubeterre, l'Accomplie du Monde.

MESSIEURS de la Chaftaigneraye l'aifné ; dict Mr. d'Ardelay, le fecond Mr. de la Barde, le troifiefme Mr. le Baron d'Ehoulmes, Fils de feu Mr. de la Chaftaigneraye, mon Coufin germain, à caufe de ma Mere : & Meffieurs de Chalandray, de Boyrogue, de la Maifon d'Argenton (*), & le Comte de Chafteauroux ; ayant tous trois efpoufé les trois Sœurs de leurs fus-dicts trois Freres. Elles font dignes de leurs Freres, & leurs Freres dignes d'elles.

Du Mariage de Madame Chalandray, autrement dicte Madame de Fontaines, font fortis deux Enfans ; l'un le Baron de Chalandray, & l'autre le Sieur de Beaumont.

DES autres deux Filles n'eft encore forti de Fils, pour n'avoir long-temps qu'elles font mariées.

Du Mariage de Madame de Raiz, ma Coufine germaine, à caufe de ma

F 4

Me-

Mere, & Madame de Dampierre, Sœurs, font fortis : le Marquis de Bellifle, qui fut tué en ces Guerres dernieres, à une Entreprife qu'il fit fur le Mont de Sainct-Michel : Mr. l'Evefque de Paris ; Mr. l'Abbé de Sainct-Albin ; & Mr. de Dampierre, qui fe nomme encore ainfi, bien que la Place foit vendue : autres le nomment Mr. le Général des Galeres, Eftat certes très-beau & très-grand.

Les Filles de ma-dicte Dame de Raiz font Mefdames de Vaffé, de Criq, & de Raigny. Ma-dicte Dame la Marquife de Magnelay eft reftée Veufve du Marquis fon Mary, luy eftant demeurée une Fille pour affeuré. Son petit Frere eftoit mort. Mrs. de Vaffé, de Criq, & de Raigny, vivent, qui peuvent avoir des Enfans, & en auront ; car, elles font fort jeunes.

De Mr. le Marquis de Bellifle & fa Femme, de la Maifon de Longueville, maintenant reduicte par fa bonne Volonté & Devotion au Monaftere des Defcalfes à Tolofe, eft refté un petit Fils, qui promet beaucoup de luy, dict Mr. le Marquis de Bellifle, comme le Pere.

Mr. le Comte du Lude d'aujourd'huy

d'huy eſt Fils de ce brave Meſſire Guy de Daillon, duquel le Pere & ma Mere eſtoient Couſins germains, à cauſe de Louyſe de Daillon, dicte la Séneſchalle de Poictou, ma Grand-Mere, laquelle eſtoit Tante propre de Mr. du Lude, Couſin germain de ma-dicte Mere, comme j'ay dit. Du-dict Mr. du Lude, Guy de Daillon, & de Madame du Lude de la Maiſon de la Fayette, ſont ſortis Mr. du Lude d'aujourd'huy, & trois Filles; l'une mariée avec Mr. le Comte de Sancerre, & morte; l'autre, avec Mr. de la Guyche; & la troiſieſme avec Mr. du Charlut, grand Seigneur d'Auvergne, mon Nepveu ainſi eſt doublement, comme je parlerai ici en ſon Lieu.

Mr. du Lude eut pluſieurs Fils & Filles. Les Fils ſont Mrs. des Chaſteiliers eſtant d'Egliſe, de Sarterrre (*), & de Briançon, leſquels ſont morts ſans Enfans. Les Filles furent, une Madamoiſelle du Lude, qui mourut Fille à la Cour. L'autre Madame la Mareſchalle de Matignon, de laquelle eſt ſorti Mr. le Comte de Torigny, marié avec une Fille de Longueville. L'autre Fille fut mariée avec Mr. de Ruffec, Gouverneur d'Angoulmois, deſquels ſont ſortis Mrs. de Ruffec

d'au-

____

(*) & Santray.

d'aujourd'huy, qui font quatre Enfans masles. La quatriefme fut mariée avec Mr. de Malicorne, de laquelle n'a eu jamais d'Enfans.

Mr. de Lauzun, de long-temps allié à noftre Maifon de Bourdeille, à caufe de ma Grand-Tante, Sœur de mon Grand-Pere, dicte Marguerite de Bourdeille, mariée en la Maifon de Lauzun, de laquelle forti eft feu Monfieur de Lauzun, Pere de Mr. de Lauzun, qui vit aujourd'huy, très-honorable Seigneur, lequel fe maria avec Charlotte d'Eftiffac, de la Maifon grande d'Eftiffac, de laquelle il eut deux Fils, dont l'un le puifné eft mort fort jeune, & l'aifné, dict le Comte de Lauzun, vit en très-belle Reputation. De Filles, il eut l'une, l'aifnée, mariée à Mr. de Fumel, mort en la Battaille de Jarnac, d'où font fortis Mrs. du Fumel d'aujourd'huy, deux fort honneftes & jeunes Gentils-Hommes; la feconde avec Mr. du Bourdez (*), d'où n'en font fortis Enfans; & l'autre mariée avec Mr. de Clermont de Lodeve, grand Seigneur de Querci & de Languedoc. Faut

(*) Charles Elie de Coulonge, Sieur du Bourdez.

Faut noter, que ces Mrs. mes Nepveux sus-dicts m'appartiennent doublement, tant à cause de leur Pere Mr.
de Lauzun, que de la Mere d'Estif-
fac, d'autant que la Mere de la-dicte
d'Estissac estoit de la Maison du Lude, Cousine germaine de ma Mere,
& Niepce de Madame la Sénefchalle
de Poictou, ma Grand-Mere. Telle
est donc la grande Alliance & Proxi-
mité de la Maison de Lauzun & la
nostre.

Mrs. les Marquis de Villars, & de
Montpezat, font aussi mes Nepveux,
à cause que Madame la Mareschalle
de Montpesat, Mere de leur Pere,
estoit Cousine germaine, à cause de
la Maison du Fou, d'autant que ma
Grand-Mere & Mere de mon Pere
en estoit, & s'appelloit Hilaire du Fou,
qui estoit Sœur de Messire Yvon du
Fou, Pere de ma-dicte Dame la Mareschalle de Montpezat, par consé-
quent Tante de la-dicte Dame de
Montpezat, & mon Pere & elle Cousin & Cousine. Du sus-dict Mariage
sortit Mr. de Montpezat, Pere des-
dicts Mrs. les Marquis de Villars,
& de Montpezat : fortirent aussi
deux Filles, l'une mariée dans la Mai-

son

ſon de Couzan (*), grande Maiſon en Auvergne, dont en reſte aujourd'huy un Fils, dict Mr. de Couzan. L'autre fut mariée avec Mr. de Queilus, d'où ſortit le fort brave Mr. de Queilus tué en Duel. Ce Monſieur eut deux Sœurs très-belles & honneſtes ; l'une Madame de Peſcels, qui eſpouſa Mr. de Peſcels, la Mere duquel eſtoit Petite-Fille ou Fille, du Prince de Melphe : & l'autre Madame la Viſcomteſſe de Panas. Elles ont des Enfans ; mais, je ne les puis ſpécifier, &, pourtant, nous ſommes très-proches.

DE la-dicte Maiſon du Fou ſortit le Seigr. du Vigan, Frere puiſné du Seigr. Yvon du Fou, lequel eut Mr. du Vigan le dernier, qui, par conſéquent, à cauſe de ma Mere dicte ci-deſſus, eſtoit Couſin de ſon Pere, comme Madame de Montpezat Couſine germaine. Ledict Mr. du Vigan mourut ſans Hoirs maſles. Il laiſſa trois Filles ; l'une mariée en premieres Nopces avec Mr. d'Archiac, Frere de feue Madame de Bourdeille la derniere, & n'eurent des Enfans. En ſecondes Nopces fut mariée en la Maiſon avec le Seigneur de Mirambeau (†), d'où ſortit Madame

de

(*) Levi-Couzan.
(†) Mirambeau-Pons.

de Fors, mariée avec Mr. de Fors (*), desquels est sorti Mr. le Baron du Vigan, jeune Gentil-Homme, qui a fait desjà belle Preuve de sa Valeur. Il a encore deux autres Freres fort jeunes, qui promettent encore beaucoup d'eux, ensemble deux Sœurs.

Le-dict Mr. du Vigan eut encore deux Filles, Sœurs de Madame de Mirambeau l'aisnée. L'une puisnée fut mariée à Mr. de Verac en Poictou (†), d'où sont sortis deux Enfans, très-braves & vaillants Gentils-Hommes. La troisiesme s'est mariée par deux fois; & la derniere fut avec Mr. de la Boulays (§); & de l'un & de l'autre sont sortis trois Enfans, fort jeunes, qui promettent beaucoup de leur Valeur & Vertu. Voilà comme est l'Alliance de la Maison du Vigan avec celle de Bourdeille.

Le sus-dict Mr. du Vigan eut une Sœur, Cousine germaine aussi de mon Pere, qui fut mariée avec Mr. de Rouet (**), de laquelle sortit Mr. de Rouet d'au-

(*) Fors-Vivonne
(†) Verac-S. George
(§) Eschallart
(**) Rouet de la Béraudiere

d'aujourd'huy, qui a deux Enfans bien honneſtes, qui me font doublement proches, tant à cauſe de Madame de Rouet, Sœur de Mr. du Vigan, ſa Mere, qu'à cauſe de ſa Femme de la Maiſon de Couzan, pour l'amour de ſa Mere Madame de Couzan, Fille de Madame la Mareſchalle de Montpezat, & Couſine germaine de mon Pere, comme j'ay dit cy-deſſus.

Le ſus-dict Mr. de Rouet a eu pluſieurs Sœurs, & très-belles, qui n'ont eu des Enfans, ſi-non Madame de Combaut, dicte jadis la belle Rouet à la Cour (*), qui en a eu des Filles, & ſont, je crois, mariées : ainſi ſommes-nous fort proches ceux de la Maiſon de Rouet & moy.

Venons à d'autres. Il y a aujourd'huy Mrs. de Ribérac, les deux Freres, leſquels ſont Enfans de Marie de Bourdeille, Héritiere de la Maiſon de Bernardieres, à cauſe de ſon Pere, Mr. de Bernardieres, mon Couſin germain de meſme Nom & de meſmes Armes. Elle fut ermariée en ſecondes Nopces avec Mr. de Coutures, mon Couſin & Nepveu, comme je diray cy-après, bien qu'ils fuſſent Enfans de Couſins ger-

(*) Mere de l'Archeveſque de Rouen, Bourbon.

germains, & d'elle est sorti un Fils, qui est encore fort jeune, mais promet beaucoup de luy, & s'appelle Mr. de Coutures : lequel a une Sœur mariée avec Mr. de Puyguillon d'aujourd'huy. Voilà comme va de ce Costé-là nostre Alliance de Bernardieres.

Voicy celle de la Maison de la Douze (*). Mon Pere eut sa plus jeune Sœur, dicte Johanne de Bourdeille, qui fut mariée en la Maison de la Douze. Mon Cousin germain, lequel estant marié avec Madamoiselle de Poyremont, riche Héritiere en Limosin, eut plusieurs Fils & Filles d'elle. Les Fils sont Mr. de la Douze, qui est aujourd'huy, Mr. de Poyremont & Mr. de Rillac. Le-dict Mr. de la Douze a trois petits Fils de l'Héritiere de Lastour, qu'il a espousée. Ses deux Freres ne sont point mariez. Ils ont leurs Sœurs Lambertye, & de Cireuil, & autres, qui ont force Enfans ; & principalement le Sieur de Lambertye, qui en a six ou sept. Voilà l'Alliance de la Douze, qui est très-grande; car, il y a eu très-grande Quantité d'Enfans & de Filles.

Voicy celle de St. Aulaire. En la
Mai-

(*) Absac.

Maison de St. Aulaire en Limosin fut mariée Marguerite de Bourdeille, Sœur aisnée de mon Pere. De ce Mr. de St. Aulaire & d'une Fille de Rufet (*) sortit Mr. de St. Aulaire, qui est aujourd'huy Mr. de la Renardie (†), & Mr. des Estres, desquels sont sortis force Enfans, qui sont encore pour aujourd'huy fort jeunes. Du-dict Mr. de St. Aulaire sont aussi sorties force Filles, l'aisnée mariée à la Borz-Saunier, & la seconde à Fradeaux, qui a eu force Enfans, encore ensemble d'autres Sœurs que je ne puis nommer. Pour ce qui est à mon autre Cousin de Coutures, il eut de sa Femme, de la Maison de Ferrand, force Enfans & Filles. Les Enfans sont Mrs. de Coutures, de Lamary, & Celle, lequel dict Celle est mort sans Enfans. Les autres en ont bien, comme Mr. de Coutures dernier mort, lequel fut marié avec Marie de Bourdeille dont j'ay parlé cy-devant, estant tous deux Enfans des deux Cousins germains susnommez: sçavoir, Mr. de Bernardieres l'aisné, & de Coutures mes deux Cousins germains. De ce Mariage, ils en ont le petit Mr.

de

(*) Rufet-Volvive.
(†) Renaudie.

de Coutures, qui eſt aujourd'huy jeune Homme, & ſera un Jour fort riche, & une Sœur mariée avec Mr. de Puyguillon d'aujourd'huy.

La ſeconde Fille de Bourdeille, di&te Marie de Bourdeille, Sœur encore aiſnée, voire puiſnée, de mon Pere, fut mariée en Limoſin avec Mr. le Baron de Maumont, grande & riche Maiſon. De-là ſortit Mr. de Maumont dernier mort, mon Couſin, en qui finit le Nom de Maumont, d'autant que de ce Mariage ne ſortirent que deux Filles héritieres de Maumont; l'une, l'aiſnée, mariée avec Mr. de Charlus, grand & riche Seigneur d'Auvergne; & l'autre, mariée avec le Comte de Canillac, Seigneur & Baron du Pont & du Chaſteau en Auvergne. Auſſi de la-di&te Madame de Charlus, ma Niepce, Fille de mon Couſin germain Mr. de Maumont, eſt ſorti Mr. de Charlus qui eſt aujourd'huy, qui a eſpouſé une des Filles du Sieur de ..... ma proche Parente, comme j'ay dit cy-deſſus; &, pour ce, le Mary & la Femme ſont mes Nepveu & Niepce à la Mode de Bretaigne, comme pluſieurs que j'ay nommez cy-deſſus. Je ne ſçay pas bien, ſi ma-di&te Niepce de

Char-

Charlus la Mere a eu d'autres Filles. De Madame la Viscomtesse de Canil-lac, ma Niepce aussi, & Sœur de Madame de Charlus, sont sortis trois braves & vaillants Gentils-Hommes, & pour tels reputez, qui en ont fait de belles Preuves, & par le Tesmoignage du Roy-mesme. Sont sorties aussi deux Filles, l'une & l'aisnée mariée avec Mr. de Forcas du Limosin près de St. Bonnet, & l'autre à marier.

Or, de ma Tante & mon Oncle de Maumont, outre les Enfans masles, car il y en a eu un jamais marié, qui fut un des sçavans Hommes de France, duquel Mr. de Ronsard parle, sortirent deux Filles ; l'une la belle & gentille Maumont, nourrie à la Cour, qui fut Maistresse de Mr. le Dauphin empoisonné, de laquelle fut faite la Chanson : *Brunette suis, jamais ne seray blanche.* Elle fut mariée avec Mr. de Penacor (*), dont est sorti Mr. de Penacor, mon Nepveu, qui est aujourd'huy, qui fut marié avec Madamoiselle de Couzoges, Fille de Mr. le Président Ruffignat & Gentil-Homme, une très-belle & très-honneste Damoisel-

(*) *Ici* Penacor & *plus bas* Penacon.

felle ; duquel Mariage sont sortis trois Enfans, braves & vaillants Gentils-Hommes, comme le Pere & Grand-Pere, & les Ayeulx. L'autre Fille de Maumont, Sœur de Madame de Pennacon, fut mariée à la Maison de Montaignac ; duquel Mariage n'est sortie qu'une Fille belle & riche Héritiere, mariée despuis peu avec le Fils de Monsieur de Montbas qui est aujourd'huy. Voilà l'Alliance de la Maison de Maumont & celle de Bourdeille.

Il y a aujourd'huy Madame de Montluc, Fille héritiere de feu Mr. de Montsalès & de Madame de Montsalès en premieres Nopces ; car, en secondes Nopces, elle fut remariée avec Mr. de Guychy. Cette Madame de Montsalès & Guychy estoit la seconde Fille de Mr. d'Estissac & de Madame d'Estissac, de la Maison du Lude, Cousine germaine de ma Mere (car, Madame la Vidasme de Chartres estoit l'aisnée, qui mourut sans Enfans,) & elle a eu du-dict Mariage, & de Mr. de Montsalès cette Fille tant seulement, que j'ay dit cy-dessus : laquelle en premieres Nopces fut mariée avec Mr. de sainct-Suplice, tué à Blois par le Viscomte de Tours ; duquel eut deux Fil-

Filles. L'aifnée eft maintenant mariée avec Monfieur le Duc d'Ufez, & l'autre à marier: deux fort riches Héritieres de la Maifon de fainct-Suplice, comme eft auffi celle de Montluc, que ma fus-dicteNiepce a eu de mon-dict Sieur de Montluc, eftant mariée avec luy en fecondes Nopces. La-dicte Fille ne fçauroit avoir encore que douze à treize Ans.

Je ne veux point mettre icy noftre Alliance avec celle de Savoye & de Nemours; car, ce font de grands Princes, avec lefquels nous n'oferions comparer, ni paroiftre. Si eft-ce, mais qu'il ne leur defplaife, fi je ne fçaurois nyer, que Claude de Pontievre n'ayt eftée Confine germaine de feu Mr. le Sénefchal de Poictou, feu mon Grand-Pere, Meffire André de Vivonne. Cela fe trouvera très-bien aux Hiftoires & Annales d'Aquitaine, & aux Généalogies des deux Maifons: laquelle dicte Claude de Pontievre fut mariée avec Philippe VII, Duc de Savoye, qui fut marié deux fois, la premiere avec Marguerite de Bourbon, & la feconde avec cefte Claude de Pontievre, que je dis Coufine de mon Grand-Pere; duquel Mariage fortit Charles, qui fut

le

le neuviefme Duc de Savoye, & III de ce Nom, après fon Frere Philibert du premier Lict, & Philippe, Duc de Nemours, ayant efpoufé une Fille d'Alençon. Ce Charles donc III du Nom a efté neuviefme Duc de Savoye, Fils de Philippe feptiefme Duc, du fecond Lict, fucceda à fon Frere, luy defaillant mafles, par-quoy ce Charles, qui eut Emanuel - Philibert dixiefme Duc de Savoye, & I de ce Nom, pourroit eftre Nepveu à la Mode de Bretaigne de mon Grand-Pere, à caufe de fa Coufine germaine Claude de Pontievre ; en quoy faut advifer ce que nous pourrons eftre à Mr. de Savoye & à Mr. de Nemours aujourd'huy. J'en fis un Jour au-dict Mr. de Savoye Emanuel-Philibert ce Difcours, & plus à plein, à Turin, en fon Jardin, tous deux feuls; parce que Madame de Savoye, fa Femme, luy avoit dit, que j'avois ceft Honneur de luy appartenir: mais, pour cela, je n'en mets pas plus gros Pot au Feu, & n'en leve pas ma Banniere plus haute; car, les Princes font fi glorieux, qu'ils defdaignent tout le Monde, & leur femble à tous, qu'ils font tous fortis d'un grand Sang.... & Dieu fçait. . . . .

Je

JE ne fais pas plus de Compte aussi de Mr. de Montpensier d'aujourd'huy, duquel la Mere estoit Fille de Madame la Marquise de Mezieres, Cousine de mon Pere à cause de Messire Guy de Mareuil, son Pere, lequel estoit Cousin germain de mon Grand-Pere, à cause de sa Femme Marguerite de Bourdeille, mariée à Mareuil. Les Alliances en sont encore peintes en la Salle de la Tour-blanche aux Vitrages.

MON Grand-Pere eut aussi une Sœur, qui fut mariée en la Maison de la Rochandry, & Sœur de Madame de Lauzun, ma Grand-Tante, de laquelle j'ay parlé cy-devant, d'où sortit une Fille qui fut mariée avec le Pere de Mr. de Lanssac le Bonne, dernier mort. Aussi sommes-nous alliez aujourd'huy à Mr. de Lanssac, & son Fils. De Mr. la Rochandry sortit en Mariage Madame la Comtesse de la Chambre, mariée en Savoye avec le Comte de la Chambre, que j'ay veu nourrir Fille de Madame de Savoye en sa Cour, où Mr. le Comte de la Chambre l'espousa. Je ne sçay, s'il en est sortis des Enfans. Je ne parle pas aussi de Madame de Mercœur, laquel-

le

le est descendue de ce Comte de Pontievre, Cousin germain de mon Grand-Pere Mr. le Séneschal ; &, pour ce, nous sommes fort proches.

Si faut il parler un peu des Alliances de Laval, & de feu Mr. l'Admiral de Chastillon. Mr. de Laval fut marié en secondes Nopces. Il espousa une Fille du Lude, Fille de Jaques de Daillon, Niepce de ma Grand-Mere, & Sœur de Mr. du Lude, dont j'ay parlé cy-devant. De ceste Fille du Lude sortit une Fille, qui fut mariée avec Mr. l'Admiral de Chastillon dernier mort ; duquel estoient sortis Mrs. de Chastillon, mort au Siége de Chartres, & d'Andelot, les deux Freres, dont l'un est mort & l'autre vit, & Madame la Princesse d'Orange leur Sœur. mon-dict Sieur de Chastillon espousa une Fille de Pequigny, Vidasme d'Amyens, duquel sont sortis Mr. de Chastillon tué dans Ostende, & son second Frere qui porte le mesme Nom. Madame la Princesse d'Orange, mariée en prémieres Nopces.... & en secondes Nopces au Prince d'Orange, duquel a eu le petit Comte de Nassau, qui est en Flandres, brave & généreuse Race, certes, s'il en fut oncques, & grand

Dom-

INTERPRETATION.

NOs Predeceffeurs s'eftant pluftoft advifez de bien faire que de bien efcrire, nous ont laiffé de tout Temps perdre la Memoire de plufieurs Battailles, & Combats divers, defquels les Victorieux, fi euffent eftez autant fortunez à rencontrer Hiftoriographes, qui les euffent amplement defcrits, comme ils s'eftoient paffez; & l'Heur d'autre Cofté les euft voulu accompaigner de tout Poinct; je ne veux faire aucun Doubte, qu'ils ne fiffent, non rougir, mais aller cacher ces Fierabras imaginaires, qui, combattant, & ayant donné feulement un Coup d'Efpée fur les Oreilles de leur Ennemy, fe trouvent leur avoir avalé un Bras, une Efpaule, une Jambe, voire leur avoir fendu la Tefte jufques aux Dents.

OR, tels Perfonnages font grandement redebvables à leurs Parrains qui leur ont ainfi tenu le Menton, de Peur qu'ils ne fe noyaffent en la Mer d'éternelle Oubliance. Car, par-deffus toutes les Nations du Monde, le François eft celuy qui a tousjours le mieux

fait

SEIZIESME OPUSCULE

COMBAT.

INTERPRETATION
DES HUICT VERS
QUI SE LISENT DANS LES VITRES DE LA GRANDE SALE DU CHASTEAU

DE BRANTOME
M. D. XCIII.

FRANCOEUR parle ainſi en la premiere Vitre :

FRANC-COEUR je ſuis monté ſur bon Renom,
Pour ruer jus de Néceſſité Chance,
Par ma Vertu: nul ne die de non.
Qui bien me garde, met jus Outrecuydance.

NECESSITE' parle ainſi en l'autre Vitre :

Danſer me faut par ma male Meſchance.
Par mon Orgeuil je cuydois eſtre le
Maiſtre.
NECESSITE' *m'a mis en la Balance,*
Dont devant Dieu me faudra Comparoiſ-
tre.

Fin des Vers. 1593 en Novembre.

Dommage qu'elle se perde, si elle ne se renouvelle par Mr. de Chastillon qui est aujourd'huy, s'exposant pourtant à tant de Hazards tous les Jours, desquels Dieu le préservera, s'il luy plaist, pour ne perdre la Race de ces bons Haras si nobles & valeureux.

Je ne compte icy non plus Mrs. de Byron; car, il y a long-temps qu'une Fille de Bourdeille fut mariée à Byron : ny

Mr. de Lanssac, la Mere duquel est sortie de la Rochandry & sa Grand-Mere de la Rochandry estoit Sœur de mon Grand-Pere, comme le tesmoignent les Lettres qui sont au Thrésor de nostre Maison.

fait. A ce Propos, il m'eschappe de raconter une Histoire remarquable,
qui mérite d'estre escoutée.

Le Seigneur de Gondras, de Lou-
de, & de Magny, grand & riche
Seigneur au Pays de Borbonnois, qui
a espousé la Fille de Feu Monsieur le
Capitaine Sainct-Giran, Frere du Grand-
Maistre de l'Artillerie Monsieur de la
Guyche, est Maistre d'une belle &
forte Maison qui s'appelle Veüure,
aux Frontieres du Charolois, de laquelle
estoit sortie sa Mere, portant ce **Nom**
de Veüure. En la grande Sale de ceste
Maison Seigneuriale se voit une belle
& grande Peinture à Huyle, remplissant
toute une Muraille, d'un brave Chien
de Chasse qui appartenoit à son Grand-
Pere maternel, Gentil-Homme grand
Veneur : lequel Chien se monstra si
brave & Courageux en un Jour qu'a-
yant attaqué une Matinée un fort grand
Loup cervier, & l'avoir estranglé,
& au sortir de ce Combat sortant du Bois
tout ensanglanté, après avoir reçeus
plusieurs Lardasses des Défenses d'un
Sanglier qui estoit poursuivy par quelques autres Veneurs qui n'estoient
de la Meute de son Maistre, sur lequel il se jetta, & duquel il vint à

 bout

bout avec l'ayde qu'il eut, & duquel
il eut la Curée ; l'Aprèsdifnée ; fe
trouvant plus frais, plus gaillard, plus
plein de Cœur, voire plus animé,
qu'il n'eftoit le Matin, retourna pour
la troifiefme fois à la Chaffe avec fon
Maiftre, qui s'y aheurtoit quafi plus
qu'il ne devoit. Or, la Fortune voulut qu'un grand Cerf fuft élancé du
Fort, qui fut tellement couru par ce
Chien, que l'ayant finalement forcé de
fe jetter dans une grande Eau, & luy
avoir fauté au Col, après plufieurs &
diverfes Morfures l'aterra finalement,
comme il avoit fait la Sauvagine du Matin : tellement que ce Chien s'efchauf-
fa de telle façon toute cette Journée-
la, n'ayant fait autre Chofe que courir & combattre, que, s'eftant rendu
dans la Maifon de fon Maiftre plein
de Gloire & de Defpouilles, eftant tout
en Feu, & auffi qu'il eftoit percé
comme un crible des Dagades que le
Cerf luy avoit données, que haletant,
& tirant un Pied de Langue entre les
Jambes de fon Maiftre, jouxte que
c'eftoit en Efté, il mourut à la Veuë
de celuy, qui fut extrêmement marry
de ne l'avoir pu fecourir. Tellement
que, pour avoir recognu la Bonté &
Gran-

Grandeur du Courage de ſon Chien, il ne voulut jamais permettre que la Charogne en fuſt portée à la Voyrie, pour eſtre dechirée des Chiens charoppiers, ou bien des Corbeaux, ains la fit enterrer en la Sale où il couchoit deſſous ſon Lict : &, non content de cela, fit bravement peindre & portraire ſon Chien, ſelon ſa Grandeur retournant de la Chaſſe de ces trois Beſtes faulves à la Paroy d'une des quatre Murailles regardant ſon Lict, enſemble quelque Eſcriture au Pied : Hiſtoire, qui ſe voit & lit encore, par tous ceux qui fréquentent léans. Ce Recit m'a eſté fait en ceſte Année 1593, eſtant en Foreſt en la Maiſon du Capitaine Cozeau, Oncle du ſuſdict de Gondras ; & me fut nommé le Nom du Chien, par pluſieurs fois, qui pour s'eſtre monſtré ſi brave, ne devroit jamais perir, non plus que de celuy, qui, aux Indes Occidentales du Temps des Pizarres, alloit à la Chaſſe des Indiens, & tiroit Paye de Soldat Heſpaignol, qui eſtoit tousjours le premier qui commençoit la Charge.

Je veux donc dire, que ſans ceſte Peinture, la Memoire de Choſe ſi re-

marquable feroit perie, qui fans faute
mériteroit d'eftre redigée bien au
long par efcrit avec fes Circonftances;
comme auffi la Gratitude du Maiftre,
qui vivoit encore l'An 1558, doit
eftre celebrée.

Il en a efté de mefme de cefte belle Hiftoire, qui eft peinte fur le Man-
teau de la Cheminée de la grande Sale du Chafteau de Montargis. Car,
fans la Peinture, elle feroit enfepve-
lie pour jamais. Voilà pourquoy les
Suiffes & Allemands font fi fort curieux
des Peintures par toutes leurs Villes.
J'ay demeuré dans le Canton de
Soleurre, & ay veu les Parois, Murailles, & Frontifpices de plufieurs
Maifon peintes, regardant fur les
grandes Ruës : comme eft entre autres
la Maifon du Colonel Tocquenet qui a
fait peindre toutes les Battailles où il
s'eft trouvé, tant avec le Roy François
au grand Nez, que contre luy, &
Henry fecond, fon Fils ; où font repré-
fentées des Particularitez que les Hif-
toriens ne pourroient jamais fpecifier,
ou particularifer, en telles Journées.
Et, de Faict, rarement la Peinture fe
peut falfifier. Le Marquis de Marignan a fait auffi peindre, en une

belle

belle Sale de son Chasteau, toutes les Battailles où il s'est trouvé, vivant Charles-le-Quint. Cela a esté grandement louable en luy. La Peinture, & les Chansons, sont les Gardeurs, tant de la Memoire, comme de l'Histoire. Et, sans la Peinture, qui est dans la Maison de Veüure, il y a pieça qu'il ne se parleroit plus d'une Chose si remarquable, qui meriteroit non un Fouilloux pour la descrire, ains un autre Roy Charles neufviesme, qui mourut trop tost de par Dieu : qui, si luy vivant eust eu Notice de ceste Histoire, allegrement en eust voulu prendre la Peine & le Plaisir, pour la mettre en beaux Vers François, tant il aymoit la Noblesse de ce Mestier ; jouxte qu'il estoit bon Gendarme & bon Poëte, qui avoit composé un Livre de la Chasse en fort beaux Vers de sa Langue.

J'AY dit tout cecy, à cause de l'Histoire qui represente un Combat qui est peint sur Verre aux Vitres de la Sale du Chasteau de Brantome, qui fut édifié par le Cardinal de Perigord, Archevesque de Pampelune, qui vivoit environ la Prinse de Rhodes ; qui nous font voir un Combat furieux de deux Gentils-Hommes, qui, armez de toutes

G 4

Pie-

Pieces, combattent à Cheval avec l'Efpée, & le Bouclier ; l'un des Combattans portant Nom de *Franc-Cœur;* l'autre, affçavoir du Vaincu, portant le Nom de *Néceffité,* qui de Faict fatalement fut tué, & le voit-on tomber de Cheval bleffé à Mort, fon Cheval donnant du Mufeau en Terre, la Tefte pofée entre les deux Jambes de devant. Et voit-on ce Gentil Homme, baptifé du Nom de *Néceffité,* tomber de Cheval à la renverfe levant les Pieds & les Jambes contremont.

De l'autre Vitre de la Feneftre, qui regarde fur la Riviere de Drone, on voit un Gentil-Homme portant la Barbe longe, armé auffi de toutes Pieces avec l'Efpée & l'Efcu, portant Mine d'un mauvais Garçon, qui fçavoit bien chaftier les Foux, pour leur apprendre à parler fagement ; foit des Dames, defquelles il ne faut jamais parler que bien à poinct, moins jamais les blafonner ; foit de l'Honneur d'autruy duquel nous ne devons eftre Larrons.

Et fut fait ce Combat près la Ville de Fontarabie fur le Bord de la Mer, fe voyant peinte la Ville joignant le Champ du Combat ; le tout en Préfence des Juges & Préfidens des Combats, accompaignez des Trompettes

de

de tous les deux Coſtez , qui ſonnent
les Fanfares deues au Vainqueur.

EN chaque Vitre , il y a un Eſcriteau
de quatre Vers, qui ne nous mettent
point à deviner ; mais bien au contraire nous font cognoiſtre la Verité du
Succès de l'Hiſtoire.

L'ESCRITEAU du vieux Routier parle
ainſi , diſant :

FRANC-COEUR je ſuis monté ſur bon Renom,
Pour ruer jus de Néceſſité Chance
Par ma Vertu : nul ne die de non.
Qui bien me garde ,   met jus outre-
*   cuydance*

L'ESCRITEAU du Défendant dit :

Danſer me faut par ma male Meſchance.
Par mon Orgeuil je cuydois eſtre le
*   Maiſtre.*
Néceſſité m'a mis en la Balance,
Dont devant Dieu me faudra compa-
*   roiſtre*

LA Quinte-Eſſence de ces Vers icy
extraicte & preſſurée nous fait entendre, que ce Gentil-Homme, qui s'attil-
tre du Nom de *Néceſſité,* pouvoit avoir
G 5   inte-

intereſſé l'Honneur de ce brave Caval-
lier, vieux Soldat & vieux Guerrier, appellé *Franc-Cœur* ; & que ne ſe pouvant
retracter, ne l'oſant, ou peut-eſtre ne le
voulant, il fut forcé de venir au Combat
pour maintenir ce qu'il avoit malicieu-
ſement inventé : tellement que *Franc-
Cœur*, Homme généreux & vaillant,
cicatriſé en ſa Reputation, qui à tout
Gentil-Homme doit eſtre plus chere
que la Vie-meſme (car le premier Vers
monſtre qu'il eſt monté ſur bon Renom, qui vaut mieux que ne fait
Ceinture faite en Broderie.) luy eſtant
grief, & amer, d'avaler ceſte Griotte,
en la façon qu'il n'euſt monſtré à ce
Diſeur de quel Bois il ſe vouloit chauf-
fer, défie, & deſpite *Néceſſité*, &
toute autre Perſonne, de luy pouvoir
dire pis que ſon Nom, s'il ne veut
mentir cent Pieds dedans ſa Gorge ;
qu'il eſt Homme-de-Bien, & d'Honneur, qui ne fit jamais Acte que ga-
lant Homme de ſon Calibre ne doive
faire ; & qui le voudroit braver, ou
dire de luy le Contraire en façon
qui fuſt, qu'il eſt preſt de luy rompre
la Teſte ; exprimant ſes Conceptions
par ces Mots portez par le ſecond
Vers, *Pour le ruer jus* ; c'eſt-à-dire,
pour

pour le rendre Corps fans Ame, pour l'envoyer au Royaume des Taupes , pour l'eftendre & joncher fur le Carreau froid & roide.

ET, pour en venir-là, il dit, qu'il n'eut jamais les Mains engourdies, quand il a efté queftion de les mener à bon efcient ; qu'il fait largeffe de Taloches & Chinfreneaux ; qu'il n'eft point Apprentif de couper telles Efcharpes & telles Livrées, pour qui en voudroit porter ; exprimant ce qu'il a dans le Ventre par le Commencement du troifiefme Vers, qui eft tel : *Par ma Vertu* : & , à caufe du Sens , il faudroit mettre & poincter là , deux Poincts, que le Peintre a oubliez.

PAR AINSI, il veut bien que l'on fçache, que qui dira du Contraire, affçavoir qu'il ne foit Gentil-Homme comme le Roy, Chreftien & Catholique comme le Pape, de bon Lieu & de bonne Part ; ou bien qu'il ait parlé de Madame de Sauve, de Madame Raverie, de la Preffin , de Madame d'Eftrée, qu'avec tout Honneur & Refpect ; ou bien, qu'il ait proferé quelques femblables Paroles injurieufes & Traverfures, qui offenfaffent les Oreilles de Perfonne du Monde ; qu'il eft preft

avec

avec l'Espée & le Bouclier, l'Espée & la Cappe, l'Espée & le Poignard, avec le seul Sponton, à Pied où à Cheval, armé, non armé, en Chemise, de le faire mentir par la Gorge, au Veu de tout le Monde.

Au Partir de là, qu'il veut bien que l'on sçache, qu'il a la Teste si près du Bonnet, qu'il ne pourroit jamais endurer qu'on luy fist la Part, qu'on luy passast la Main devant le Visage, qu'on luy menast le Festu par la Bouche, qu'on le lamponnast par trop, qu'on luy chiquenaudast le Bout du Nez, qu'on ouvrist la Bouche sur luy pour luy dire *be, ee, ee*; & que par le Cap de Dious, pour estre Gascon, ne voulant plus outre jurer, qu'il est si chatouilleux, que plustost qu'il beust telles Viellaqueries, il ne se pourroit jamais tenir, que despartant subitement de la Main, sautant au Collet de son Homme, il ne luy baillast cinquante Poignaçades dans le Cœur. Que le Seigneur d'Albret, duquel il est Vassal, n'ayme point les Poltrons; & que luy ne tenant rien du Fief de Coyonnerie, il luy avoit permis de porter ses Armes en son Escu au Jour du Duel, pour espou-
setter

fetter à Plaifir fon *Hermanos*, ou autre Pelerin qui le voudroit attacquer.
Bref, qu'il ne pourroit jamais endurer d'eftre fuperché en fon Honneur
tant qu'il pourroit porter Efpée, tant
s'en faut qu'il vouluft endurer
une Dementie, qui eft une Paille
en l'Oeil, & une Efpine au Pied, de
tout Gentil-Homme qui vit fous les
Regles du Poinct d'Honneur, qui ne
fe peut arracher qu'avec le Gantelet.
A cefte Occafion, il adjoufte : *Nul ne
die de non.* Comme s'il vouloit
dire : *Quant à moy, je n'ay pas appris
de tant marchander : le Faict m'eft auffi
preft que le Dire. Jettant mon Gage,
j'empaulme auffitoft qu'on le fçauroit
avoir veu. Et qui ne fe contentera de
cefte Monnoye, je luy donneray tousjours le Paffetemps de luy découdre
fon Harnoir, luy mettre les Trippes au
Soleil, voire Loifir de conter à la Clarté de fi belle Chandelle, toutes les
Pieces de fa Fripperie, une par une.*
S'ENSUIT par après :
*Qui bien me garde, met jus Outre-
cuydance.* C'eft-à-dire, qui voudra
prendre garde de près à la Juftice de
ma Querelle, pour laquelle je fuis en-
tré en Eftaquade, pour me couper la
Gorge avec mon Ennemy ; qui vou-

G 7

dra

dra confiderer comment le tout s'eft paffé ; qui y voudra regarder de près, & efplucher toutes Chofes par le menu; il trouvera, que Dieu a favorifé ma Caufe, eftant allé demefler cefte Fufée armé d'Innocence: y eftant allé à la franche Marguerite, & non de gayeté de Cœur, ou que les Cirons me demangeaffent aux Mains ; ains feulement pour la Confervation de mon bon Droit, qui doit lyer tout Homme pour avoir tousjours l'Efpée au Poing. Mettant donc cuire fur la Bonté de ma Caufe, ayant fait Provifion d'un Cœur autant mafle que lyonnois, Dieu m'a fait cefte Grace d'avoir battu à Dos & à Ventre mon Ennemy, ceft Outrecuydé, ce Coquin, ce Roguart, ce Bavard, qui fi cautuleufement à fon Dam a glofé mes Paroles. Je l'ay fait defdire comme Chelme qu'il eft, devant chacun; luy ayant appris, s'il a voulu retenir fa Leçon, qu'il ne faut parler fi gaucherement d'un tel Homme & fi Homme-de-Bien, que je fuis. Je fuffe crevé cent fois pluftoft, que j'y euffe laiffé rien du mien. J'euffe pluftoft efpanché tout mon Sange, voir euffe veu la derniere Goutte, que je n'en euffe eu ma Raifon. L'Honneur eft Chofe

trop

trop fretillante à ceux principalement qui veulent vivre en Honneur aux Cours des Princes, & y porter la Carre levée. Et, partant, ayant fait perdre la Vie à ceste Cane, qui m'en avoit presté d'une, j'apprens à mes Semblables comme ils devront faire par-cy-après, quand ils se trouveront invitez à semblables Nopces comme moy.

S'ENSUIT l'Explication des 4 Vers proferez pour *In Manus*, lors que *Nécessité* voulut verser les 4 Fers.

Danser me faut par ma male Mes-
    chance.
Par mon Orgueil je cuydois estre le
    Maistre.
NECESSITE' *m'a mis en la Balance,*
Dont devant Dieu me faudra comparois-
    tre

CE pauvre Malheureux dit, qu'il a trouvé Chausseure à son Pied. Voicy que ce Paillard se retracte & se repent de ce qu'il a dit. Estant prest de rendre les derniers Abboys, il se confesse, & crye Mercy à sa Partie. Il dit qu'il meurt justement, pour avoir blessé l'Honneur d'un si Homme de-Bien, qui l'a payé sur le champ de son Demé-rite.

rite. Il regrette grandement que la Trahifon de fon Cœur foit caufe qu'il meure fi lafchement qu'il fait. Il euft volontiers dit, *Señor Julia-no*, *non te quiero* (1), mais qu'il a efté forcé de combattre, le denotant par ce Vers qui dit : *Néceffité m'a mis en la Balance*, attendu que qui quitte la Partie, la perd.

ESTANT preft de rendre l'Ame à Dieu, il fe repent de bon Cœur de ce que fauffement il a dit de fon Enne-my, qu'il tient pour Homme-de-Bien & d'Honneur. Il confeffe avoir mal parlé. Il recognoift la Juftice de Dieu qui luy a ofté le Cœur, défendant une mauvaife Querelle. Il recognoift que Dieu eft jufte en toutes fes Oeuvres, qui n'a voulu que telle fienne Mef-chanceté demeuraft impunie devant les Hommes ⹁comme de Faict il en porte la Pafte au Four à fon Dam, & au grand Deshonneur & Infamie, tant de luy, comme de tous fes Parens ; perdant pauvrement la Vie, pour avoir efté fi outrecuydé maintenir ce qu'il fçavoit en Confcience eftre auffi faux que le Diable eft faux. Il lamente la Petiteffe de fa Fortune, & recognoift,

que

(1) C.-à-d. *Seigneur Juliano*, *je ne vous en veux point.* Voïez ci-deffus, Tome XII. page 130.

que l'Orgeuil qui l'a tousjours accompaigné toute ſa Vie, a eſté cauſe de ſon Honniſſement, de ſa Ruyne, & Confuſion. Finalément, qu'il luy eſt advenu ne plus ne moins qu'au Chien de ce Veneur appellé Meraudet qui vouloit manger le Loup, & le Loup le mangea; denotant cecy par le Texte du ſecond Verſet de ſon *In Manus,* qui dit : *je cuydois eſtre le Maiſtre.*

1593 en Novembre, j'eſcrivois ce Diſcours à Bourdeille, en Faveur de Monſeigneur de Brantome, mon Maiſtre.

DIX-SEPTIESME OPUSCULE

TESTAMENT

ET

CODICILLES

DE

PIERRE DE BOURDEILLE,

SEIGNEUR DE BBANTOME.

AU NOM DU PERE, ET DU FILS, ET DU SAINCT ESPRIT, enſemble de la benite Vierge Marie, & de Madame Ste. Anne, mes deux bonnes Patronnes.   JE

JE PIERRE DE BOURDEILLE, Seigneur & Baron de Richemond, de Sainct Crefpin, de la Chapelle, Mommoreau; & Confeigneur de BRANTOME Ufufructuaire ; Chevallier de l'Ordre du Roy de fon St. Michel, enfemble de celuy de l'Ordre de Portugal, qu'on appelle *l'Habito de Chrifto*; Gentil-Homme ordinaire de la Chambre des feus Roys Charles Neufviefme, & Henry troifiefme, mes Maiftres, & Penfionnaires de deux mille Livres par An du fus-dict Charles neufviefme en fon Vivant; Chambellan de Monfeigneur le Duc d'Allençon, mon bon Maiftre; auffi dont toutes les Lettres & Tiltres en demeurent en mon Threfor & Tiltres, qui du tout en donnent Foy; & ayant commandé à deux Enfeignes de Gens de Pied aux fecondes Guerres Civiles paffées, fans Reproche, la Grace à Dieu : je recommande mon Ame à Dieu, & le fupplie de bon Cœur la recepvoir en fon fainct Paradis.

JE veux eftre enterré comme bon Chreftien & Catholique, fans pourtant aucune Pompe funebre, ny Cérimonie nullement fomptueufe. J'eflis ma Sépulture dans la Chapelle

de

de mon Chasteau de Richemond, que j'ay faite & construite exprès pour cest Effect avec la Voute ; espérant que le tout sera fait & parachevé, s'il plaist à Dieu, avant que je meure, pour y estre enterré. Je veux, que sur ma Tombe soit gravé en grosse Lettre cest Epitaphe, avecque mes Armoiries de Bourdeille & Vivonne, entourées de l'Ordre de St. Michel :

PASSANT, *si par Cas ta Curiosité s'estend de sçavoir qui gist soubs ceste Tombe, c'est le Corps de*

MESSIRE

PIERRE DE BOURDEILLE,

En son Vivant Chevalier Seigneur & Baron de Richemond, & Sainct-Crespin, & la Chapelle, Mommoreau, & Conseigneur de Brantome : extraict du Costé du Pere de la très-noble antique Race de Bourdeille, renommée de l'Empereur Charlemaigne, comme les Histoires anciennes, & vieux Romans François, Italiens, Hespaignols, Tiltres vieux & antiques Monumens de la Maison le temoignent de Pere en Fils jusques aujourd'huy ; &, du Costé de la Mere, il fut sorty de ceste grande & illustre Race aussi de Vivonne & de
Bre-

Bretaigne, qui en porte les Hermines pour cela en ses Armoiries. Il n'a degeneré, Grace à Dieu, à ses Predecesseurs. Il fut Homme-de-Bien, d'Honneur, & de Valeur, comme eux, Advanturier en plusieurs Guerres & Voyages estrangers & hazardeux. Il fit son premier Apprentissage d'Armes soubs ce grand Capitaine Monsieur de Guyse, Messire François de Lorraine; &, pour tel Apprentissage, il ne desire autre Gloire & Los : donc cela seul suffise. Il apprit très-bien soubs luy de bonnes Leçons qu'il pratiqua avec beaucoup de Reputation, pour le Service des Roys ses Maistres. Il eut soubs eux Charge de deux Compaignies de Gens de Pied. Il fut en son Vivant Chevallier de l'Ordre du Roy de France, comme j'ay dit, & de plus Chevallier de l'Ordre de Portugal, qu'on appelle l'Habito de Christo, qu'il alla querir & recepvoir-là luy-mesme & avoir du Roy Dom Sebastien, qui l'en honnora au Retour de la Conqueste de la Ville de Belis & son Pignon en Barbarie, où ce grand Roy d'Hespaigne, Dom Philippe, avoit dressé & envoyé Armée de cent Galleres, & douze mille Hommes de Pied. Il fut après Gentil-Homme ordinaire de

la

la Chambre des deux Roys Charles IX & Henry III, & Chambellan de Monſieur d'Allençon, leur Frere : & outre fut Penſionnaire de deux mille Livres par An du-dict Roy Charles IX, dont en fut très-bien payé tant qu'il veſquit ; car, il l'aymoit fort, & l'euſt fort advancé s'il euſt plus veſcu, que le-dict Henry III. Bien qu'il les euſt tous deux très-bien ſervis, l'Humeur du premier s'addonnoit plus à luy faire du Bien & des Grades, plus que l'autre. Auſſi que la Fortune ainſi le vouloit. Pluſieurs de ſes Compaignons, non eſgaux à luy, le ſurpaſſérent en Bienfaicts, Eſtats , & Grades, mais non jamais en Valeur & Mérite. Le Contentement & le Plaiſir ne luy en ſont pas moindres. Pourtant, Adieu, Paſſant. Retire-toy. Je ne t'en puis plus dire , ſi-non que tu laiſſes jouyr de Repos celuy qui en ſon Vivant n'en eut, ny d'Ayſe, ny de Plaiſir, ny de Contentement. Dieu ſoit loué pourtant du Tout, & de ſa ſaincte Grace.

Je ne veux ſur-tout, qu'en mon Enterrement ſe faſſent, comme j'ay dit, aucunes Pompes ny Magnificences funebres, & ſur-tout ny Feſtins , ny Mangeailles, ny Convoy, ny Aſſemblées

blées de Parens & Amis, fi-non d'u-
ne Vingtaine de Pauvres, avec leurs
Efcuffons de mes Armoiries, habillés
en Deuil de gros Drap noir, & qu'on
leur donne l'Aumofne accouftumée,
enfemble aux autres Pauvres qui s'y
affembleront. Je dis non-feulement
pour ce Jour de l'Enterrement, mais à
la Huiétaine, & Quarantaine, & Bout
de l'An, autant.

Je donne & legue à Maiftre Pierre
Petit, dit le Sr. Contanho, la Somme
de Cinq cens Livres avec deux de
mes meilleurs Chevaux qui fe trouveront en mon Efcurie à l'Heure de mon
Trefpas, & le meilleur de mes Manteaux, avec deux de mes meilleures
Harquebufes à Rouet & à Mefche. Plus
luy donne le Moulin, fes Appartenan-
ces, & Rente deue fur yceluy, appellé le Moulin de la Rode, fitué en
ma Terre & Paroiffe de St. Crefpin,
fur le Ruiffeau de Houlou, autrement
appellé de Belefme, en faire & difpofer comme de fa Chofe propre : &
ce, pour avoir efté bon Commandataire de l'Abbaye de Brantome pour
moy, dont pourtant il m'a baillé beaucoup de Peines & de Traverfes, &
Tourmens d'Efprit, en ce Negoce; mais,
je

je luy pardonne : &, s'il est habile., en pourra tirer beaucoup après ma Mort, selon le Brevet du Roy, qu'il trouvera dans mon petit Coffre d'Allemaigne, qui est sur ma Table à la Tour-blanche.

JE legue au Seigneur Laurentio Splanditeur la Somme de deux cens Livres, pour estre mon ancien Serviteur, bien qu'il n'en aye besoing ; car, il est riche, & a gaigné assez avec moy : mais, afin qu'il aye Souvenance de moy tant qu'il vivra.

PLUS, je legue à tous mes Serviteurs & Servantes, demeurant, tant à la Tour-blanche, Richemond, que Brantome, qui se trouveront lors de mon Trespas, la Somme de cinq cens cinquante Livres une fois payée, pour estre despartie entre eux, selon la Qualité des dicts Serviteurs & Servantes, comme mes Héritiers & Héritieres y auront l'Oeil, ou bien Personnes deleguées pour cela y adviser ; desorte que je les prie les en rendre tous contents, & contentes, de leurs Services & Peines.

OUTRE-PLUS, je legue & donne à mes Serviteurs principaux, qui me servent à la Chambre, & autres Lieux

hono-

honorables, comme Secrétaires, Pages, tous mes Manteaux, Habillemens, Linges, c'eft-à-dire, des Chemifes, Mouchoirs, Chauffettes, fans toucher aux Linceuls ny Serviettes, ny Napes aucunement ; defirant que cela demeure parmy les Meubles de la Maifon, pour la Succeffion de mes Héritiers.

OUTRE mes Serviteurs fus-dicts, je legue & donne à mes Soldats, qui font à ma Porte, pour chafque Tefte, à chafcun cinq Efcus & leurs Gages payés.

PLUS, je legue & donne à Meffire Helie de Hautmarché, dict Monferogallard, Abbé Commandataire de St. Sevrin, la Somme de cent cinquante Livres une fois payée.

J'EN donne & legue autant à Lombraud, mon Recepveur de prefent, qui m'a bien fervy jufques icy, & qu'il continue, outre fes Gages, dont il fe paye tous les Mois par fes Mains comme il paroift par fes Comptes.

JE legue & donne auffi à Meffire Arnaud Barbut, Vicaire de Brantome, la Somme de dix Efcus feulement, une fois payés, bien que luy

aye

aye bien payé tous ſes Gages, comme il paroiſt par mes Comptes, qu'il
y a beaucoup gaigné en faiſant ſon
Service divin, & parce n'aye pas grand
Beſoing de Recompenſe, mais afin
qu'il aye Souvenance de moy.

ET de tous ces ſus-dicts Legats, je
veux & ordonne eſtre fait aux Perſonnes vivantes ſeulement lors de
mon Decès, & nullement à leurs Héritiers.

JE veux auſſi & encharge expreſſé-
ment mes Héritiers, Héritieres, de
faire imprimer mes Livres, que j'ay
faits & compoſez de mon Eſprit &
Invention, & avec grande Peine &
Travaux eſcrits de ma Main, & tranſ-
crits & mis au net de celle de Mathaud,
mon Secrétaire à Gages, leſquels
on trouvera en cinq Volumes couverts de Velours, tant noir, verd, bleu,
& un en grand Volume, qui eſt celuy des *Dames*, couvert de Velours
verd, & un autre couvert de Velin,
& doré par-deſſus, qui eſt celuy des
Rodomontades, qu'on trouvera tous
dans une de mes Malles de Cliſſe,
curieuſement gardez, qui ſont tous
très-bien corrigez avec une grande
Peine & un long Temps: leſquels

j'euffe pluftoft achevez & mieux ren-
dus parfaits, fans mes fafcheux Affaires domeftiques, & fans mes Maladies. L'on y verra de belles Chofes,
comme *Contes*, *Hiftoires*, *Difcours*,
& *Beaux-Mots*, qu'on ne defdaigne-
ra, s'il me femble, lire, fi l'on y
a mis une fois la Veuë. Et, pour les
faire imprimer mieux à ma Fantaifie,
j'en donne la Charge, dont je l'en
prie, à Madame la Comteffe de Durtal, ma chere Niepce, ou autre, fi elle ne le veut : & , pour ce, j'ordonne & veux, qu'on prenne fur ma totale Hérédité l'Argent qu'en pourra valoir l'Impreffion ; & ce , avant que mes
Héritiers s'en puiffent prévaloir de
mon-dict Bien, ny d'en ufer avant qu'on
n'aye pourveu à la-dicte Impreffion,
qui ne fe pourra certes monter à beaucoup. Car, j'ay veu force Imprimeurs,
comme il y a à Paris & à Lyon, que
s'ils ont mis une fois la Veuë, en
donneront pluftoft pour les imprimer,
qu'ils n'en voudroient recepvoir ; car,
ils en impriment plufieurs *Gratis*, qui
ne valent les miens. Je m'en puis
bien vanter, mefmes que je les ay
monftrez, au moins une Partie, à
aucuns, qui les ont voulu imprimer
fans

ſans rien ; s'aſſeurant, qu'ils en tireront
bien Profit : voire encore m'en ont
prié ; mais, je n'ay voulu qu'ils fuſſent imprimez durant mon Vivant.
Sur-tout, je veux que la-dicte Impreſ-
ſion en ſoit en belle & grande Lettre
& grand Volume, pour mieux paroiſtre, & avec Privilege du Roy,
qui l'octroyera facilement, ou ſans
Privilege s'il ſe peut faire. Auſſi
prendre Garde, que l'Imprimeur n'en-
treprenne ny ſuppoſe autre Nom que
le mien, comme cela ſe fait. Autrement, je ſerois fruſtré de ma Peine, & de la Gloire qui m'eſt deue. Je
veux auſſi, que le premier Livre,
qui ſortira de la Preſſe, ſoit donné
par Préſent bien relié & couvert de
Velours, à la Reyne Marguerite, ma
très-illuſtre Maiſtreſſe, qui m'a fait
ceſt Honneur d'en avoir veu aucuns,
& trouvé beaux, & fait Eſtime.

Je veux auſſi, & ordonne, que mes
Debtes ſoient payées, & en charge
mes Héritiers, & Héritieres, leſquelles ſont petites. Je recommande eſpe-
cialement celle de Monſieur de la
Chaſtaigneraye, mon Nepveu, qui
eſt pour la Somme de cinq cens Eſcus, que Madame de la Chaſtaigne-

H 2

raye,

raye, ma bonne Couſine, me preſta; laquelle avant ſa Mort un Mois, l'eſtant allé voir exprès à la Chaſtaigneraye, & luy parlant de ceſte Debte, & l'en remerciant de la Courtoiſie, & la priant d'attendre un peu, que je ne faudroit la payer à ma premiere Commodité, elle m'en renvoya bien loing de la Main & de la Parole, & que je ne luy en parlaſſe jamais, & qu'elle me la quittoit fort librement; car, elle m'aymoit plus cent fois que la Debte : comme de vray, à cauſe de l'Amitié entre nous deux jurée & entretenue tousjours dès noſtre jeune Aage, auſſi qu'elle m'avoit de l'Obligation d'ailleurs, que je ne dis. Monſieur des Roches y eſtoit preſent, qui l'ouyt, & me l'a ramenteu ſouvent, qui en pourroit ſervir de Teſmoings : mais, il eſt mort deſpuis, & la Vérité eſt telle. Que ſi pourtant mesdicts Héritiers & Héritieres en ſont recherchés & contraints de les payer, il faut rabattre ſur les-dicts cinq cens Eſcus, deux cens que je preſtay au Fils aiſné Monſieur Danville, mon Nepveu, à la Cour à Paris à ſa grande Néceſſité, dont j'en ay Cedulle dans mon petit Coffre d'Alle-
mai-

maigne, où elle s'y trouvera. Que si on en demande les Intérests des-dicts trois cens Escus rabattus, bien qu'on ne m'en aye sommé jusques icy, faut rabattre aussi & desduire sur les deux cens Escus de Monsieur Danville de mesme les Intérests. Mais, je pense qu'on ne viendra pas là; car, nous sommes trop proches & bons Parens & Amis.

Je veux aussi, & ordonne, qu'on paye à Monsieur du Prean, Gouverneur & Lieutenant de Roy à Chastelleraud, la Somme de trois cens Escus, qu'il m'a presté très-volontierement, & qu'on luy en paye ses Intérests raisonnables. Mais, je crois qu'il n'yra à la Rigueur, pour l'avoir nourry & élévé de telle sorte, que c'est un des honnestes & vaillants Capitaines de la France, & qu'il m'en a ceste Obligation.

Je dois aussi à Monsieur de la Chambre quelques six ou sept vingts Livres, que je veux & ordonne luy estre payées, bien que je suis Cause en partie de tout le Bien qu'il a, pour luy avoir fait espouser sa premiere Femme, qui avoit force Bien, & surtout force Escus.

H 3

POUR

Pour mes autres Debtes, elles font fort petites, & par ainfi ayfées à payer, & que je veux eftre bien payées: & crois que, après ma Mort, on trouvera encore dans mes Coffres, s'il plaift à Dieu, Argent affez pour les payer, & m'en acquitter, voire, quafi payer tous mes fus-dicts Legats nommez: &, au Defaut, faudra vendre de mes Chevaux, & quelques uns de mes Meubles, qui font tous affez baftans pour me defacquitter, s'il plaift à Dieu, qu'il ne m'envoye autre Inconvenient,

OR, je ne doubte point que mes Héritiers & Héritieres ne trouvent mes Legats & Debtes grands & grandes, comme je fçay qu'aucuns en ont fait leurs Comptes, les ayant fçeu par Teftament que j'avois fait & paffé par Galopin, Notaire, que poffible l'avoient veu; & difoient, que je les chargeois de trop de Legats & Debtes, & parce que je ne leur laiffois grande Part de mon Hérédité.

A CELA je leur refpond, & leur dis, que je fuis libre & franc de difpofer du mien comme il me plaift, fans en rendre Compte à aucuns. Auffi que je leur laiffe plus de cinq fois autant, voire
plus,

plus, que je n'ay jamais eu de Légitime de ma Maiſon, qui ne s'eſt pu monter à plus haut de treize mille Livres, à ſçavoir, du Pere huiɛt mille Livres, & de la Mere cinq mille Livres, comme leurs Teſtamens portent Partage : certes, fort peu, pour une ſi grande & noble Maiſon que la noſtre ; ſi que le moindre Cadet de Périgord & de Poiɛtou en euſt eu & hérité ſix fois davantage.

De plus, j'ay quitté mon Frere aiſné, Monſieur de Bourdeille, pour les deux Légitimes de mes deux Freres morts & leurs Succeſſions, pour ſi peu de Choſe qui ne valoit pas la Peine d'en parler ; ne voulant tirer de luy ce que j'euſſe pu par juſte Droit : mais, je luy ay eſté tousjours très-bon Frere, & regarde tousjours la Grandeur de la Maiſon. J'ay eu auſſi grand Reſpeɛt & Amitié à Madame de Bourdeille, ma Belle-Sœur & bonne, qui me rendoit la Pareille.

De plus, j'ay laiſſé l'Eſpace de douze Ans jouyr à mon-diɛt Frere & diſpoſer de tout mon Bien, comme il luy a pleu, dès ſa Mort de ma Mere, tant que j'eſtois jeune & aux Eſtudes, ſans la Jouyſſance qu'il a

tous-

tousjours eue des Benefices de St.
Vincent lès Xainctes, du Doyené de
St. Yriers en Limousin, & du Prioré
de Royan. Il en a jouy comme il
luy a pleu, & en estoit quitte à ne
m'en donner que quatre cens Livres
par An pour mon Entretien aux Estu-
des. Lesquels sus-dicts Benefices le
brave Capitaine Bourdeille, mon Frere, me donna & resigna, ne les voulant plus tenir, ny estre d'Eglise. Je
puis jurer, & bien affirmer, que mon-
dict Frere, Monsieur de Bourdeille, a
jouy du Reste, qui montoit fort bien
le Revenu à plus de deux mille Livres; & ce, jusques à mon Retour de
mon premier Voyage d'Italie, lequel je fis pour une Coupe de Bois
de la Forest du-dict Yriers, dont le Roy
m'en donna la Permission, & en tiray
cinq cens Escus, dont j'en fis le Voyage, sans autre Argent: dont bien
me servit de le bien mesnager. Et si
mon-dict Frere a esté si mauvais Mesnager, & un peu Joueur; de sorte
que son Bien a beaucoup diminué,
tant de son Vivant, qu'après sa Mort,
je n'en puis mais; me contentant en
mon Ame d'avoir fait le Devoir d'un
très-bon Frere. Si diray-je pourtant
de

de luy, que, nonobſtant ſon mauvais
Meſnage, ç'a eſté bien un fort Homme-de-Bien, d'Honneur, de Valeur
& fort ſplendide, magnifique, & li-
beral, comme je l'ay veu paroiſtre
tel à la Cour & Armées.

CE n'eſt pas tout, que ceſte ſuſ-
dicte Bonté; car, pour agrandir & maintenir dans ſon antique Splendeur
noſtre Maiſon, j'ay ſacrifié & quitté ma bonne Fortune. Car, je puis
me vanter avoir eſté autresfois à la
Cour auſſi-bien venu, aymé, & favo-
riſé de mes Roys & grands Princes,
& cognu d'eux pour Homme de Mérite & de Valeur : ſi que, ſur le Point
de me reſſentir de leurs Bienfaicts &
Faveurs, & Eſtats & beaux Grades du
feu Roy Henry III, je quittay tout,
après la Mort de mon Frere, pour
aſſiſter à Madame de Bourdeille, ma
belle & bonne Sœur, en ſon Veufvage, & l'empeſcher de ſe remarier, comme eſtant recherchée de force grands
& hauts Partis, tant pour ſa Beauté de
Corps & d'Eſprit, que pour ſes grands
Moyens, Biens, & Richeſſes, & belles Maiſons, comme chaſcun ſçait. Je
me rendis ſi bien ſubject à elles, &
ſi près, qu'aucun n'oſa s'approcher
H 5 d'el-

d'elle pour la vouloir fervir, fi-non par Ambaffades fourdes & fecrettes: mais, par ma Prévoyance & Vigilance, j'en rompis tous les Coups, Menées, & Actes; de telle forte, que fi elle fe fuft remariée, eftant en l'Aage de trente-fept Ans, & pour porter encore force Enfans, ceux-là, qui font aujourd'huy fi riches & ayféz, n'auroient pas mille Livres de Rente. Je n'en plains que leur peu de Recognoiffance en mon Endroit, & mefme de l'Aifné, dont je laiffe à Dieu la Vengeance, lequel je prie qu'elle foit petite & légère; car, je luy pardonne.

UNE Chofe y a-t-il. C'eft que, par le premier Teftament de Madame de Bourdeille, paroift comme elle me recognoift quatre mille deux cens Efcus, par moy preftez à elle. Comme de vray le font eftez, par plufieurs fois qu'elle avoit Affaire, fans jamais avoir voulu prendre Cedulle; car, auffitoft qu'elle me demandoit, auffitoft preft. Comme quand mes Nepveux allérent en Italie, & y demeurérent. Une autre fois, que je luy preftay cinq cens Efcus pour payer ma Sœur de Bourdeille, & la jetter hors de la Maifon,

son, qu'elle ne faisoit que l'importuner du Reste de son total Payement, & oncques puis ne l'avons veue. Je prestay aussi trois cens Escus pour mon Nepveu le Viscomte, pour aller faire son Serment à Bourdeaux de son Estat de Sénefchal de Périgord. Le petit Chabanes, qui vit encore, les vint prendre & toucher des Mains du Sieur Laurantio à Brantome, que nous y allasmes disner exprès, mon-dict Nepveu Monsieur le Viscomte, & moy, partant de Bourdeille; de sorte que, sans cest Argent, & Diligence que nous y fifmes pour y aller, possible n'eust-il fait là si bien ses Affaires, pour des Raisons qui se disoient & s'alléguoient pour lors, que je ne veux dire.

Et d'autant que le Codicille, que fit puis après son Testament premier ma-dicte Dame de Bourdeille à Archiac sans que j'en sçeusse jamais rien, si-non après sa Mort qu'on me le fit sçavoir, dont j'en fus fort estonné, car elle me disoit & conferoit de plus grandes Chofes, voire tous ses premiers Secrets; elle le fit pour l'Advis du Sieur Dumas, lequel y fit mettre ceste Claufe & Article, que ma-dicte Dame defire, que les - dicts quatre mille deux

H 6

cens

cens Efcus tournent après ma Mort à Monfieur le Vifcomte, fon Fils aifné, & à fa Maifon. Ce fut donc le-dict Sieur Dumas, qui en minuta ou en fit faire le-dict Contract, eftant lors près d'elle, & ce pour faire fon Accord avec mon-dict Nepveu, d'autant qu'il l'avoit perfuadé & pouffé à luy laiffer quelques Rentes, proches & commodes à luy & du tout ennoblies, dont ma-dicte Dame fut fort en Colere, & mal contente contre luy, comme je le vis, & contre fon Fils, Monfieur le Vifcomte, pour l'avoir fait fans fon Sçeu, qui n'eftoit non plus content du-dict Sieur Dumas de l'avoir ainfi abufé & trompé: &, pour ce, le-dict Dumas, pour faire fon Accord avec Madame & fon Fils, fit mettre cefte fus-dicte Claufe & Article dans le-dict Codicille; ce qui me rendit fort eftonné, quand je vis ce-dict Codicille & Article après fa Mort, & de quoy il m'avoit efté ainfi celé & caché : de forte que quafi j'entray en Doubte fi le-dict Codicille eftoit vray ou faux, & fi le fuis encore, dont je m'en rapporte aux Confciences des Perfonnes. Tant y a , d'autant que cefte-dicte Claufe & Article me touche grandement, & à mon Honneur

neur, pour des Raifons que je ne veux
alléguer ny defduire, très-bonnes &
pertinentes, que le Monde fçauroit
fort bien auffi defduire , au moins
aucuns, je veux & ordonne, que mes
Héritiers & Héritieres participent tous
unanimement & efgalement aufdicts
quatre mille deux cens Efcus , & les
partagent enfemble doucement & par
bons Accords & Arbitres ; eftant une
Contradiction par le premier Teftament, qui dit & advoue par ma-dicte
Dame, qu'elle avoit eu de moy par
Preft les-dicts quatre mille deux cens
Efcus, comme il eft très-vray; & puis,
par le Codicille, me les ofter , eft
quafi comme les defavouer : en quoy il
y va de l'Honneur de ma-dicte Dame &
de moy, & que c'eft une vraye Four-
be. Par-quoy, mes-dicts Héritiers & Héritieres en pourroient paffer à l'amiable,
afin que l'Honneur de ma-dicte Dame &
le mien en cela foit confervé, ainfi que
je l'ay bien confulté par bon Confeil
de Paris & Bourdeaux: &, par ainfi,
je veux mon Bien en cela eftre efgalement defparty, tant aux uns qu'aux
autres; auffi que mon-dict Sieur de Bourdeille m'a fort maltraitté & fait force
Traits & Frafques infuportables , &

H 7

peu

peu dignes d'un bon Nepveu. Dieu luy
pardonne. Mais, Madame fa fage Mere
ne luy avoit pas recommandé ny commandé cela, ains de m'aymer & m'o-
béyr comme fi j'eftois fon Pere , &
me porter pareil Refpect : non pas
m'affifter d'une feule Sollicitation pour
mes Procès, & principalement pour
celuy de la Confeigneurie de Brantome, contre le Sieur du Peraux, ny contre la Borde dit Servart.

Je fçay bien, que mon-dict Nepveu
me voudra Mal de ceft Article, & qu'il
en dira prou après ma Mort; mais,
s'il veut confidérer bien le tout, il
trouvera que j'ay beaucoup de Raifon.
Et qui ne fe contentera de fi peu de
bon Bien, qu'il le quitte : il faira Plaifir aux autres , qui s'en contente-
ront bien , & ne le defdaigneront
point.

Il y a encore une autre Claufe &
Article dans le-dict Codicille, que par
mefme Coup, & mefmes Raifons que
j'ay dit, le-dict Sieur Dumas y fit mettre & inferer, comme ma fus-dicte Dame defire, que la Confeigneurie de
Brantome retourne à la Maifon du
Sieur de Bourdeille. Dieu me foit Tefmoing & Juge du Confeil qu'en cela je
luy

luy donnay, pour l'avoir & acquerir
pour elle, à cause de la Nouriture de
la Damoiselle Delisle l'Espace de vingt
Ans, & pour autres Raisons : & puis
jurer, que ma-dicte Dame mesprisoit
cela sans moy, si qu'elle me dit : *Frere,
je desire donc cest Acquet ; mais, je veux
qu'il soit pour vous. Je vous le donne.
Faites - en vostre Profit comme pourez,
car il est près de vous à Brantome.*
Pour si peu qu'elle vesquit après, je
n'en jouys de quasi rien ; car, le Bien
estoit tout brouillé & en Litige : &
ceux, qui pretendoient, comme le
Seigneur du Peraux & autres, n'y o-
soient pourtant que peu toucher ; car,
c'estoit une Dame de si grande Autho-
rite, qu'on la craignoit plus que l'Espée de son Fils, comme il parust après
sa Mort : dont long - temps après
s'en accordérent, tellement quellement, dont j'en fus bien ayse, non
pour un grand Profit que j'en aye tiré, mais pour la Commodité qui sera
après ma Mort au-dict Seigneur de Bourdeille. Et veux fort bien, que la Con-
seigneurie tombe à luy, & à nuls autres, pour agrandir tousjours nostre
Maison, bien qu'elle m'ayt beaucoup
cousté d'en tirer quelques petits Fruits.
Car,

Car, le-dict Sieur de Peraux intimidoit
les Tenanciers à ne payer, bien que
Monfieur de Bourdeille, par la Tranfaction qui fe fit entre nous deux,
eftoit tenu de m'en garantir & pour-
fuivre le Procès; ce qu'il n'a jamais
fait, non pas feulement le faire folli-
citer. Je paffe donc le-dict Article &
Claufe de cefte-dicte Confeigneurie
fort legerement, mais non celle des
quatre mille deux cens Efcus, qui
me font fort deubs, & en puis fort bien
difpofer après ma Mort : autrement,
il y va fort bien de mon Honneur, comme j'ay dit. Ce que ne voulant de-
battre, lors de ma-dicte Tranfaction, pour
n'entrer en Procès & Conteftation a-
vecques luy fi-toft après la Mort de feue
ma-dicte Dame, craignant de perturber
fes honorables Manes fi-toft après
fon Decès, je me contentay feulement de la Jouyffance de la Tour-
blanche, à mon Regret pourtant : car,
j'euffe mieux aymé mes-dicts quatre mille deux cens Efcus, pour m'ofter de
ce Pays fort fafcheux à moy, & m'en
aller fi loing qu'on ne me vift jamais;
car, j'eftois defefpéré de la Mort
de cefte Honnefte Soeur & Dame Madame de Bourdeille, & m'accorday de
                                    cefte

ceste Façon avec luy ; & aussi, qu'il n'avoit nul Moyen de me donner Argent. Il avoit d'autres Affaires d'ailleurs à me payer, & de plus que je pensois qu'il me deust estre meilleur Nepveu qu'il n'est, & mieux recognoissant les bons Offices & Services que je luy ay faits. Dieu luy pardonne ses Ingratitudes, car j'ay Crainte qu'il l'en punisse, estant un Vice que ceste Ingratitude fort desagreable à sa Divinité. Entre autres, en voicy une, qui leve la Paille. Un Jour, estant à la Tour-blanche, dans la Sale, il dit tout haut, devant force Gentils-Hommes & autres, sur le Sujet qu'il n'avoit Obligation à Homme au Monde qu'au Sieur de Marouatte, qui luy avoit fait avoir la Resignation à Monsieur de Perigueux de son Evesché, pour l'y avoir poussé & persuadé : dont je cuyday partir de Colere contre luy ; mais, je me commanday & m'arrestay, de peur d'Escandale : lequel mon-dict Evesque j'avois fait & créé tel, par la Nomination & Brevet du Roy ; car, ce fut moy, qui la luy demanday pour mon Frere & pour moy, ayant veu le-dict Evesque un chetif petit Moyne de St. Denys, & l'avoir ainsi tel créé con-

tre

BIBLIOTHÈQUE DE L'ARSENAL

tre l'Opinion de Madame de Dampierre, ma Tante, qui ne le vouloit, en me
difant plufieurs fois, que j'en maudi-
ray l'Heure de le colloquer en fi haut
Lieu, *ce vilain Moyne*, ufant de ces
propres Mots ; & que fon Pere avoit
fait fouvent pleurer ma Mere. Croyez que cefte honnefte Dame prophe-
tifat bien ce Coup. Car, il fut auffi
ingrat en mon Endroit, que fon Coufin, le-dict Monfieur le Vifcomte, que
cefte fois m'alla payer de cefte forte,
pour n'avoir Obligation qu'au Sieur de
Marouatte, nullement certes compa-
rable à moy en Obligation, ny en Valeur & Mérite, pour n'avoir efté jamais autre qu'un Amaffeur de Deniers,
& que j'ay veu parmy les bonnes Compaignies, qu'on nommoit que petit
Brodequin, Nom à luy donné par
Meffieurs de Couftures & la Boue-Sau-
nier, bien contraire à mon Nom tant
bien cognu & eftimé parmy la France & ces grands & autres Pays eftrangers, pour avoir tant battu de
Terres & Mers, que l'on faifoit beaucoup de Cas de moy.

Et pour parler de cefte grande fus-
dicte Obligation de Marouatte, ne
faut douter, que fi j'euffe voulu m'opposer

poser à la-dicte Resignation, pour a-
près estre faite en demander la Moitié de la-dicte Evesché, je l'eusse pu
faire aysément, & en estois sur mes
Pieds pour en avoir la Jouyssance, selon l'Ordonnance de nostre grand
& bon Roy d'aujourd'huy & de son
Conseil, par la Mort du Titulaire,
qui ne déroge rien au Droit du Gentil-Homme qui a sa Part, comme
paroist par mon Brevet du Roy Henry III, & comme sa-dicte Majesté me
donne la Moitié de la-dicte Evesché,
& à mon Frere l'autre. Et si l'on vouloit alléguer la Transaction faite entre
moy & l'Evesque, c'est une Chanson;
car, qu'on la lise bien, elle ne fait
rien contre mon Droit ny que j'en quitte ma Moitié. Bien est vray, que par
Paroles je promis, que, tant qu'il
vivroit, je luy quittois ma-dicte Moitié, & ne luy demandois rien en son
Vivant. N'estois-je pas donc, luy mort,
tousjours sur mes Pieds d'en repéter
ma-dicte Moitié, & m'opposer à la sus-
dicte Resignation, & la demander par
le Dire du Conseil privé, & selon
l'Edict & l'Ordonnance du Roy pour
pareille Chose? D'autant que le Titulaire mort, le Gentil-Homme, qui a
sur

fur fa Piece fa Moitié, ou fa Part &
Penfion, ne la pert nullement. Cela eft
très-feur. Voilà pourquoy on peut bien
confiderer la Gratification que j'ay
faite en cela à mon-dict Sieur de Bourdeille, fans l'avoir nullement inquietté fur cefte-dicte Moitié, comme j'ay
trouvé fort bien par le Confeil mefme du Confeil privé, laquelle dicte
Evefché bien affemblée vaut fort
bien quinze·mille Livres de Revenu,
comme je l'ay fait valoir cela, quand
je la faifois mefnager par mes Mains,
par lefquelles tout fe paffoit, comme
l'ayant demandé & obtenu du Roy,
& de la Reyne fa Mere : & en fis faire toutes les Depefches tant de Leurs
Majeftez, que de Rome, à mes Def-
pens. Voilà donc fi le-dict Sieur de
Bourdeille devoit avoir fi grande Obligation au Sieur de Marouatte plus
qu'à moy. Et quand le-dict Evefque
euft fait de l'Afne, comme il eftoit,
je l'euffe bien fait tourner au Bafton,
& jouyr de fon Evefché, en luy donnant quelque Part, comme j'avois fait
d'autres fois, felon le Brevet du Roy
que j'ay vers moy, & Monfieur de
Bourdeille, mon Frere, ne l'eut jamais.
Et fi Monfieur de Bourdeille fe fuft

fié

fié en moy, & m'euft conferé de tout
ceft Affaire, nous en euffions bien eu
la Raifon, & de l'Evefque, & de l'E-
vefché ; car, il me craignoit comme
la Creature fait fon Createur que luy
eftois tel, dont il m'en fut ingrat in-
gratiffime. N'en parlons plus.

OR, venons maintenant à mon Hé-
rédité. Je fais & inftitue mes Héritiers
& Héritieres univerfels & univerfel-
les, Meffire HENRY DE BOURDEILLE, &
Meffire CLAUDE DE Bourdeille, mes
Nepveux, Madame JEHANNE DE BOUR-
DEILLE, Comteffe de Durtal, ma Niepce,
& Mefdames d'AMBLEVILLE & de St-
Bonnet, mes autres Niepces. Je defire auffi, que Madame D'AUBETTERRE
HIPOLITE BOUCHARD en aye quelque
Part en mon Hérédité : non pour Con-
fideration de DAVID BOUCHARD, fon
Pere, car il ne m'ayma jamais, ny
moy luy, bien qu'il me fuft fort obligé, mais pour l'Amour de Madame
fon honnefte & bonne Mere RENE'E DE
BOURDEILLE, ma chere Niepce qui m'a
tousjours aymé & fort honoré. Auffi
je l'ay aymée & honorée de mefme,
& la regrette tous les Jours. Mais,
je veux & entends, qu'au cas que mes-
dicts Nepveux & Niepces, Héritiers &
Héritieres, tant qu'ils & qu'elles, que
leurs

leurs Enfans, ne me portent le Refpect & Amitié qu'ils & qu'elles me
doibvent ou leurs Maris, ainfi que
Madame leur très-fage Mere le vouloit, & leur commandoit, & con-
fideroit ; & qu'ils ne faffent Cas de
moy en ma caduque Vieilleffe, fi par
Cas j'y parvienne, que Dieu ne le
veuille toutesfois, en cela fa Volonté
foit faite : je veux & entends, le
dis-je encore, que ceux & celles qui
m'auront maltraitté & abandonné,
fans faire Cas de moy, ny presté Ayde, ny fait de bons Offices en ma Vie,
& donné des Mefcontentemens, n'ayent
aucune Part ny Portion en ma - dicte
Hérédité & Succeffion ; ains qu'elle aille
& tourne à ceux & celles qui ne
m'auront abandonné, & fait de bons
& pieux Offices, & eu Pitié de moy
jufques à ma Mort. Et dis bien plus,
que fi par Cas je viens avoir & recepvoir quelque Injure, Offenfe, & At-
tentat, voire l'Execution fur ma Vie,
tant des miens que d'aucuns eftrangers, dont je n'en puiffe avoir Raifon ny Revanche, à caufe de ma Dé-
boleffe & Foibleffe d'Aage, ou autrement, je veux & entends, que mes-
dicts Nepveux & Niepces, ou leurs Maris,

ris, en pourſuivent & faſſent la Vengeance toute pareille que j'euſſe faite en mes jeunes & vigoureuſes Années, pendant leſquelles je me puis vanter, & en rends Graces à mon Dieu, n'en avoir jamais reçeu aucunes ſans aucun Reſſentiment ny Vengeance, ainſi qu'à la Cour & aux Armées on eſt fort ſubject d'avoir des Querelles, ſoit de Gayeté, ou autrement : & ceux & celles de mes Héritiers, & Héritieres, ou leurs Maris, qui en négligeront la-dicte Vengeance, & ne la fairont, ſoit par les Armes ou la Juſtice, je veux qu'ils n'ayent rien de mon-dict Bien, ains qu'il aille tout à ceux & celles qui s'en reſſentiront. Et ſi tous & toutes, ou aucuns ou aucunes, ce que ne puis croire au moins de tous & toutes, ne s'en reſſentent, je veux que tout mon Bienaille aux Pauvres, aux quatre Mandians & Hoſtel-Dieu de Paris. J'en avois donné une Partie ainſi aux Religieux de Brantome : mais j'en revoque la Donnation, d'autant qu'eux par trop ingrats des Beneficies reçeus de moy, pour curieuſement les avoir garantis & conſervés des Guerres paſſées, comme un chaſcun ſçait, m'ont ſuſcité des Procès, & plaidé contre moy,

moy ; &, par ainſi, faut punir leur
Ingratitude par trop grande

ET d'autant que le Sieur de la Barde de St. Creſpin, dict Guillaume Mallety, à cauſe de ſa Foire de Saunier,
m'a fait plaider & tant chicanner l'Eſpace de douze Ans , tant pour ſon
Hommage à moy deub, que pour autres Devoirs deubs à ma Terre de St.
Creſpin & Chaſteau de Richemond,
dont le Procès eſt encore pendant
en la **Cour de Bourdeaux**, qui m'a
couſté fort bien mille Eſcus, tant pour
ſes Delais, Remiſes, Subterfuges, Ca-
villations, & Chicanneries, & Faveurs du-dict Bourdeaux, je veux &
entends, que mes ſus-dicts Héritiers
& Héritieres en pourſuivent le-dict
Procès à toute outrance, s'il n'eſt a-
vant ma Mort aſſoupy, ſoit par Accord
ou par Arreſt, & le menent juſques
à la derniere Fin ; m'aſſeurant tant en
mon Droit, qu'ils en tireront fort
bien la Raiſon : juſques-là qu'ils en
pourront retirer la Maiſon de la Barde ;
car, il me peut devoir fort bien plus
de douze mille Livres , n'eſtant rai-
ſonnable de laiſſer **en Repos** ce petit
Galland, extraict de belle Famille, ſon
Grand-Pere ayant eſté Notaire , dont
s'en

s'en trouve force Coñtract encore en Perigord, ſignez MALLETY. Et ceux & celles de mes-dicts Héritiers & Héritieres, qui ne pourſuivront vivement le-dict Procès, je les deshérite, & en donne leurs Parts aux autres qui s'en reſſentiront mieux, & le perſécuteront à toute Outrance, & en prendront mieux l'Affirmative.

JE ſçay bien, que Monſieur de Bourdeille, & le Seigneur d'Ambleville, l'ont ſouſtenu autres fois : mais, je m'en remets à eux ſur leur Honneur & Conſcience ; car, le-dict la Barde eſtoit fort Proche du dict Sieur d'Ambleville, à cauſe d'une ſienne Grande-Tante, mariée avec le-dict Mallety, Notaire, comme je luy ay ouy dire. Mon Nepveu le Baron l'a auſſi ſouſtenu & aymé, dès le Voyage de Provence : mais, je laiſſe le tout ſur ſon Ame, & des autres auſſi.

JE ne veux ny entends, que ma Maiſon & beau Chaſteau de Richemond, que j'ay fait baſtir curieuſement & avec Peine & grand Couſt, s'alliene, ſe vende, ny s'engage autrement, pour Néceſſité aucune qui ſoit, à aucun Eſtranger ; car, je veux

qu'elle demeure à la Maison dont je
suis forty, en Signe de Mémoire. Car,
je serois bien marry, si, estant là-
haut, où Dieu me faira la Grace de
m'y recevoir s'il luy plaist, je visse
ceste belle Maison & Chasteau, que
j'ay fait bastir avec si grand Travail,
eust changé de Main, & tombé entre une estrangere. Cependant, je
veux & entends, que ma dicte Niepce
la Comtesse de Durtal, ayt le-dict Chafteau avec ses Préclautures du Parc &
du Jardin, & ses Bassecours, pour
sa Demeure tant qu'elle vivra seulement, & demeurera Veufve sans
qu'elle se remarie; & ce, pour n'avoir
aucune Demeure en ce Pays près de la
Maison dont elle est sortie; & pour
s'approcher aussi de ses Proches, bien
qu'elle aye sa Maison la Vafouziere
de son Douaire, mais elle est par trop
loing des siens, & de plus que l'Air y
est très-beau, bon, & salutaire,
qui luy a fait grand Bien., & à sa
Tante, tant qu'elle si est tenue. Mais,
estant remariée, elle aura d'autres
Maisons de son Mary, où elle s'y
tiendra le plus souvent, & n'en voudra
d'autres: & puis s'estant remariée, ou
bien

bien morte, qui fera quand il plaira à Dieu, je veux & ainsi l'ordonne. Je veux aussi, & encharge ma-dicte Niepce Comtesse, d'entretenir la Maison comme il faut, sans la laisser desmollir ny depérir, & qu'elle la laisse aussi entiere & belle comme je la luy laisse, cela s'entend tant qu'elle y demeurera, & ne se remariera; car, autrement, elle en auroit la Conscience chargée, & me fairoit Tort, & à son Petit-Nepveu CLAUDE DE BOURDEILLE, qui est si bien né, & si joly, qui, je m'asseure, l'entretiendra très-bien, & en celebrera ma Mémoire pour tout jamais, en disant : *Voilà un Présent que mon Grand-Oncle me fit.*

JE veux aussi, que la Moitié des plus grands Livres de ma Bibliotheque soient mis & serrez dans un Cabinet de Richemond, & conservez très-curieusement sans les dissiper deçà, de-là, & n'en donner pas un à quiconque soit : car, je veux que ladicte Bibliotheque demeure chez moy, pour perpetuelle Mémoire de moy, dans un Cabinet de Richemond.

JE veux de mesme, qu'aucunes de mes plus belles Armes demeurent aussi

en

en un Cabinet de Richemond, & y
foient en mefme Garde, comme mes
Efpées, & fur-tout une argentée, que
Monfieur de Guyfe, mort & maffacré
dernierement, me donna au Siége de
la Rochelle, me deferant ceft Honneur de dire qu'elle m'eftoit bien deue
pour la fçavoir bien faire valoir,
& telles Armes, ainfi qu'il avoit veu.
Il y a auffi d'autres & longues belles
Hefpaignolles, toutes de Combat &
bonnes, & efprouvées. Plus, deux
Harquebuzes de Mefche, que j'ay fort
aymées & portées en Guerre, & fait
valoir. Plus mes Armes complettes,
tant de la Curiaffe, Braffard, Sallade,
& Cuiffot, que le Seigneur Contanho
me garde en fa Chambre de Brantome. Plus une Rondelle couverte
de Velour noir à Preuve, que feu
Monfieur le Prince de Condé me donna au Siége de la Rochelle, au moins
après ne s'en fervant plus, & me pria
de la garder pour l'Amour de luy, &
porter en Guerre; ce que j'ay fait, &
bien gardé, comme j'ay fait l'Efpée
fus-dicte de Monfieur de Guyfe, & leur
promis les garder tout durant ma Vie
& après ma Mort. Je veux auffi qu'on
me

me garde, avecques les fus-dictes Armes
un Chapeau de Fer , couvert d'un
Feutre noir, avec un Cordon d'Argent, que je portois à pied aux Siéges
de Places , où je me fuis trouvé affez.
Et, s'il eft poffible, appendre toutes les
fus-dictes Armes dans ma Chapelle de
Richemond , je le voudrois fort ,
ainfi qu'on faifoit jadis aux anciens
Chevaliers. La Mémoire en feroit
beaucoup plus honorable. Je laiffe
cela à Madame la Comteffe ma Niepce, qui en aura le Soin, puis que la
Demeure luy eft affignée , fi elle-
ne fe remarie , comme j'ay dit cy-devant.

Et de tout ce que deffus pour maintenir & bien entretenir , je fais Exé-
cuteur de mon-dict Teftament Monfieur
de la Chaftaigneraye , mon cher Nepveu, s'il luy plaift, & l'en prie; enfemble Monfieur du Preau , Lieutenant du Roy & Gouverneur à Chaftel-
leraud, que j'ay nourry Page & s'eft
fi bravement & généreufement pouffé
à cefte digne Charge, par fes belles
Armes & bon Courage ; avec Monfieur Thommaffon, Advocat en la Cour
Préfidiale de Périgueux, mon principal

I 3

&

& ordinaire Conſeil, que j'eſlis pour
aſſiſter Meſſieurs mon-dictNepveu & du
Preau, & les relever d'autant de Peine ; en ce qu'on luy paye ſes Peines
& Salaires, comme de Raiſon , au
dire de mes-dicts Sieurs Exécuteurs :
les ſuppliant très-tous de tenir Main
bonne & forte à mon Intention & to-
talle Diſpoſition.

SUR-TOUT, je caſſe & révoque par
ceſtuy icy dernier tous autres Teſtamens & Diſpoſitions par moy faits
& faites cy-devant , enſemble toutes
Donnations qu'on pourroit ſuppoſer
& prétendre par moy faites. Je n'en
fis jamais, ny prétends d'en faire ,
dont j'en proteſte devant Dieu. Pour
Teſtament, j'en ay fait un, paſſé par
les Mains de Galopin, Notaire de
Brantome ; mais, je le caſſe & revoque du tout par ceſtuy-cy, enſemble le
Codicille paſſé par le meſme Galopin.
Et, ſi l'on en produit d'autres, je dis
qu'ils ſont faux, & les caſſe comme
tels & nuls ; car, je ſçay bien que beaucoup de Notaires d'aujourd'huy s'aydent de telles Fauſſetez , auſſi-bien
pour les grandes Maiſons , que pour
les petites, pour eſtre menacé & contraint : & , pour ce, je prie Meſſieurs
les

les Exécuteurs d'y advifer. Et, pour ce, par ces Raifons, j'ay fait ce-dict Teftament folemnel, efcrit & figné de ma Main.

POUR totale Fin, je donne mes Bagues, & petits Joyaux, à mes fus-dicts Nepveux & Niepces, de très bon Cœur, & les prie de les garder & porter pour l'Amour de moy, tant que leur Vie durera, en Souvenance de moy, leur bon Oncle, qui les ay aymez & honorez d'une Amitié très-ferme & fidele. Sur ce, je fais Fin à ce-dict Teftament, au Nom du Pere, & du Fils, & du Sainct Efprit, & de la benite Vierge Marie, & Madame Saincte Anne, comme je l'ay commencé.

JE ne doubte point, que plufieurs Perfonnes ne trouvent ce-dict Teftament par trop long & prolixe. Tel a efté mon Vouloir & mon Plaifir. J'en ay veu d'autres en ma Vie bien auffi long. J'en ay pris le Modelle fur ce grand Chancelier Monfieur de l'Hofpital, de mefme auffi long, que j'ay inferé dans mes Livres (1); mais
fi

______

(1) *Ci-deffus, Tome VII, Difcours LXII, pag.* 103 *& fuiv. des* Hommes Illuftres François.

fi l'ay-je un peu abrégé. De plus, je
fuis nay d'une grande & illuftre Maifon. J'ay le Cœur grand, qui me l'a
donné, & que j'ay fait paroiftre en
plufieurs beaux & divers Endroits.
J'ay eu de l'Ambition : je la veux encore monftrer après ma Mort. Auffi
que je n'ay voulu me confier mes
Volontez, & dire à ces petits Notaires, qui, la plufpart du Temps,
ne fçavent dire ny repréfenter nos In-
tentions & Vouloirs. Et en euffe dit
encore plus, fans la trop grande Prolixité. Je fais doncques Fin, felon
mon Vouloir & Contentement, & y
euffe mis & adjoufté de beaux & gentils Exemples, pour mieux adoucir le
tout ; mais, c'eft affez.

Ainfi figné,

P. DE BOURDEILLE.

PREMIER CODICILLE.

J'ADJOUSTE à ce sus-dict Testament les
soubs-dicts Articles, par Forme de Codicille, que j'aurois oublié, dont je me
suis advisé, que je veux & entends,
que mes sus-dicts Nepveux & Niepces,
Héritiers & Héritieres, soient recom-
pensez de seize mille Escus une fois
payés, en Recompense & Desduction
de l'Estime du Bastiment beau de Richemond, qui se pourroit estimer à
beaucoup, jusques à vingt mille Escus, veu ce que m'a cousté à le faire bastir, & rendre en sa Beauté,
avec le Parc, & le Jardin, & les
Preclautures, que le tout m'est venu
en Despense de grand Argent, comme un chascun peut juger, veu la
Grandeur & Superbité du-dict Chasteau; &, pour ce, la-dicte Recompense se pourra prendre des-dicts seize mil-
les Escus francs sur aucunes Rentes &
Mestairies, qui en sont despendantes,
tes, que l'on pourra vendre & enga-
ger, selon qu'elles sont appreciées;

n'y

n'y comprenant en cela Madame de Durtal, ma Niepce, à caufe de la Jouyffance qu'elle aura durant fa Vie, fi ne fe remarie, que pour n'avoir auffi d'Enfans, ny en Aage ny Eftat d'avoir: &, par ainfi, je veux que mes autres Nepveux & Niepces, Héritiers & Héritieres, qui ont des Enfans, s'en reffentent: cela s'entend de ceux & celles, qui m'auront aymé, & fait Cas de moy, ny fait de Frafques, de mauvais Offices; autrement, rien pour eux, ny elles, ny leurs Enfans.

J'AVOIS auffi oublié à dire, que le grand Pont de Brantome, dont l'on va au Jardin, & le Champ, où font plantez les Ormeaux, & le Jardin, je prétends, qu'ils font à moy, & en ma totale Difpofition, parce qu'ils furent acquits de Meffire Pierre de Mareuil, Monfieur l'Evefque de Lavau, & Abbé de Brantome, & en acheta le Champ des bonnes Gens qui avoient là leurs Chanvres, qui luy coufterent bon; mais, pour fa Faveur, il fallut qu'il luy laiffent avec bon Argent; avec auffi le petit Pré auprès de la Riviere, que j'ay mis maintenant en un cherebaud. Monfieur d'Aud'Auzances, mon bon Cousin, qui courut la-dicte Abbaye pour moy, après la Mort du-dict Monsieur de Lavau, son Oncle, comme son Héritier en pretendit les-dicts Pont, Jardin, & autres sus-dicts Champs, estre Acquets faits du-dict son Oncle, & pour ce le tout appartenir à luy, & l'eust très-bien contesté contre quelque autre qui eust eu l'Abbaye que moy : mais, pour la Parenté & bonne Amitié qu'il me portoit, il acquiesça, & m'en fit Don librement du Tout, sans jamais plus en parler ; & pour ce, je m'en appropriay & jouys tousjours comme de mon Propre, & véritablement à moy très-bien donné, & non comme appartenant à l'Abbaye. Mesmes, après la Mort du-dict Monsieur d'Auzances, mon bon Cousin, Madame de Sansac, sa Sœur & son Héritiere, m'en voulut inquietter & demander le Tout, pourtant par forme de Risée, car elle m'aymoit ; me disant, que si c'estoit un autre que moy, qu'elle debattroit le Tout par bon Procès, & m'en priveroit. Mais, je luy rompis le Coup, tout en ryant aussi, & fus quitte de luy donner un Diamant de cent Escus que

I 6

j'avois

j'avois au Doigt. Par ainſi, nous demeuraſmes bons Couſins & Amis, & le plus ſouvent m'appelloit mon Couſin *Monſieur du Pont*, ou *Monſieur du Verger*. Et voilà pourquoy je veux & entends, que ce-dict grand Pont, la Place des Ormeaux, le beau grand Jardin, & le Pré qui en deſpend au dehors, ſe partagent entre mes Héritiers & Héritieres, ainſi qu'ils verront, & en faſſent leur Profit. Car, tel Abbé, qui viendra après ma Mort, ſera bien ayſe d'acheter le tout, & beaucoup, pour une ſi belle Commodité. Meſme que je fus une fois & longtemps, en Deſſein d'y faire baſtir un Chaſteau en Forme de Citadelle, par Deſpit, pour commander aux Environs & Chemins ; & avois là desjà fait le Marché d'un Champ là auprès, qui appartenoit à Raſteau, à Cauſe de ſa Femme : mais, la Deſpenſe qu'il m'a fallu faire aux Guerres, à la Cour, & aux Voyages, me retrancha ceſte Deſpenſe, qui fuſt eſtée grande & belle Choſe à voir. Et, par ainſi mes-dicts Héritiers & Héritieres, ſe pourront prévaloir de meſmes, & y pourſuivre ce meſme Deſſein s'ils veulent ;

&

& n'eſt à meſpriſer d'y baſtir au Lieu où il y a eu autrefois un Chaſteau, dont les Ruynes qui paroiſſent, pourroient ſervir ; car, c'eſt un beau Bien & qui mérite bien une jolye Maiſon.

Ainſi ſigné,

P. DE BOURDEILLE.

ACTE

ACTE NOTARIAL
POUR CE
TESTAMENT.

CE Jourd'huy , trentiefme du Mois de Decembre mille fix cens neuf a-près Midy , au Chafteau de la Ville de Brantome , par-devant moy Notaire Royal foubfigné , & en Préfences des Tefmoings bas nommez, a efté préfent Meffire PIERRE DE BOURDEILLE , Confeigneur de Brantome , & Baron de Richemond, demeurant pour le préfent au Chafteau de Brantome , lequel a dit & déclaré , en Prefence de moy dict Notaire foubfigné, & Tefmoings bas nommez , ce prefent Pa-pier & Efcrit cy - deffus eftre fon *Tef-tament & derniere Volonté*, efcrit & figné de fa propre Main ; voulant yce-luy eftre valable , & caffant tous au-tres ; & a requis à moy Notaire foub-figné en faire & paffer Inftrument après fon Decès à tous ceux qu'il appartien-dra ; ce que luy ay octroyé. Le-dict *Tef-ta-*

tament eft clos & fermé, & fcellé du Sceau du-dict Sieur, en Préfence de LAURENS SPLANDITEUR, Efcuyer, Maiftre ESTIENNE DU CHASSAING, Juge de Brantome, Maiftre VICTOR RICHARD, & IEAN GIRRY, Preftre, Maiftres IEAN & JACQUES MATHAUD, Practiciens, & JEAN GIRY, Greffier du-dict Brantome, tous Habitans de la-dicte Ville de Brantome, Tefmoings cognus & appellez par le Sieur Teftateur, qui a figné ces Préfentes à l'Original avecques les-dicts Tefmoings & moy,

Ainfi figné,

LOMBRAUD, *Notaire Royal.*

D'ER-

DERNIER CODICILLE.

Du 5 Octobre 1613.

SCACHENT tous qu'il appartiendra, que comme il y a quelques Années que je fis & escris de ma propre Main mon *Testament* solemnel & autentique, avec quelques petits *Codicilles* de ma mesme Main, dont je faisois mes Héritiers & Héritieres compris dans les-dicts *Testament* & *Codicille*, & veux qu'il soit du tout entierement tenu & executé: & d'autant que lesExecuteurs contenus au-dictTestament sont decédez, comme Mr. de Lauzan, mon bon Cousin, Mr. du Preau, Gourverneur de Chastelleraud, mon grand Amy, & Mr. Thommasson, Advocat à Perigueux, mon principal Conseil, sont morts, je me suis advisé m'instituer Madame la Comtesse de Durtal, ma chere Niepce, très-sage & très-advisée, d'en estre Executeresse, en y appellant tel sage & advisé Personnage qu'elle sçaura bien choisir pour luy assister, d'autant aussi,

qu'el

qu'elle est l'aisnée de tous ses Freres & Sœurs.

ET, pour mieux approuver ce Faict j'ay donné toutes mes Clefs, tant grandes que petites, tant celles de Brantome que d'icy, à Monsieur Coustancie, pour les bien garder & serrer fidelement, jusques à ce qu'il les ay commises fidelement entre les Mains de ma-dicte Dame la Comtesse; lequel me l'a ainsi juré & promis de le faire, sans les autrement commettre en autres Mains que de ma-dicte Dame, luy enchargeant sur-tout la Recompense de mes Serviteurs comprise & escrite dans mon Testament.

ET d'autant que le Terme seroit trop long, pour faire l'Ouverture du-dict Testament solemnel, & faire trop attendre mes pauvres Serviteurs & Servantes pour leur Vie, je veux qu'ils vivent & soient entretenus de mes Biens qui me sont deus, & Rentes de la St. Michel lesquelles me sont deues, & vivent céans, comme si j'estois en Vie, jusqu'à la-dicte Ouverture, & qu'ils y fassent bonne Chere. Car Dieu mercy, je laisse force Vivres, tant icy qu'à Brantome, tant de Bled que de Vin.

ET

Et pour ma Sépulture, il y a long-temps que je l'ay faite baſtir, & choiſir ma Chapelle de Richemond : & deux Jours après ma Mort, que mon Corps ſoit mis dans une Caiſe bien proprement comme il faut, & la faire charger ſur mes Mulets accompaignez d'aucuns de mes Serviteurs, & Officiers de Sainct-Creſpin, de Richemond, & de Brantome, & là y faire un Service honneſte pour la Sépulture, y appellant Meſſieurs les Religieux, auſquels j'ay laiſſé un honneſte Legat dans le-dict *Teſtament* ; le tout ſans Pompe & Solemnité.

Et ce que deſſus, & qui eſt enclos en mon dict *Teſtament* & *Codicille*, veux & entends eſtre ſuivy ſelon ſa Teneur. Et, pour plus ample Teſmoignage, ay prié & requis les ſoubſignez de ſigner à ma Requeſte au Chaſteau de la Tour-blanche, le 5 Octobre 1613, & outre ay prié & requis Monſieur de Bourdeille de prendre & gouverner le Tout, ainſi que par ceſte-cy je luy donne Pouvoir, en Préſence de Mr. Domminge, Preſtre, & Mr. Girard, Medecin, & de Maiſtre Guillaume, Apotiquaire.

MAXI-

MAXIMES

ET

ADVIS

DU

MANIEMENT

DE LA

GUERRE,

ET PRINCIPALEMENT DU DEVOIR ET OFFICE

DU

MARESCHAL DE CAMP,

PAR

ANDRE' DE BOURDEILLE,

FRERE AISNE' DE BRANTOME.

E

I

brel
bis
in c
Sen
Arn
Offi
qui
out

EPISTRE DE'DICATOIRE.

AU ROY.

SIRE,

IL a pleu à Voſtre Majeſté par pluſieurs fois me commander de
dreſſer par Eſcrit des Maximes & Advis du Maniement de la Guerre,
en ce qui concerne, tant l'Eſtat du
Général & Chefs principaux d'une
Armée, que ſur-tout du Devoir &
Office d'un Mareſchal de Camp,
qui eſt la plus importante Charge de
toute une Armée, d'autant qu'en
la

la Dextérité & Suffisance d'ycelle
dépend de gaigner & prendre l'Advantage pour le Gain de Battaille,
comme au contraire la Perte.

Mais, Sire, ce n'est sans Cause,
si je redoute de m'embarquer en ce
Vostre reytéré Commandement en
l'Endroit & la Majesté d'un tel Roy,
pourveu d'une si grande Dextérité
d'Esprit, d'un si meur & rassis Jugement, d'une si longue & bien for-
tunée Pratique & Expérience au Faict
des Armes & de la Notice de toutes
Choses, qu'il est en luy plustost de
censurer le Deffaut d'autruy, que
d'en tirer Soulagement : & estime,
que, tout ainsi qu'un Maistre d'Escole
fait reciter & prendre la Leçon à
son Disciple devant luy, Vous voulez
sonder & faire un Essay de ce que
je puis avoir retenu & appris de Vos
si excellens Discours, Advis, &
Ré-

Résolutions, en tant de *Rencontres*, *Stratagesmes*, *Battailles*, *Siéges de Villes*, & autres *Factions Militaires*, où *Vostre Majesté* s'est si souvent trouvée en propre *Personne*, pour y commander avec bien heureux *Succès*, seurs *Tesmoings* de *Vostre* grande *Suffisance* en ce *Mestier*-là.

Comme *Vous* estes en toutes autres *Choses* vrayement *nostre Maistre*, toutes ces *Considérations*, à la *Vérité*, joint la *Bassesse* de mon *Style*, plus *Soldat* qu'éloquent, sont bien suffisantes pour me donner crainte & me suspendre de passer outre. Mais, qui sçauroit refuser à celuy auquel *Dieu* & la *Nature* n'ont rien desnyé, ny l'un de ses plus humbles, très-fideles & très-obeyssants *Subjects* & *Serviteurs*, mesme un si estroitement obligé à son splendide & libéral *Bienfaicteur*, lequel outre ce m'a daigné tant estimer,

mer, honorer & priſer, que de me
deſpartir un Commandement digne
d'un des plus excellents expérimentez
Capitaines qui ſçauroit eſtre.

Recevez donc , très grand, magnanime & très-valeureux Roy, ſelon Voſtre accouſtumée Bonté, ceſte
Marque d'Obéyſſance , & non pas
de Préſomption ; n'ayant Regret ſi-
non que les Moyens de m'en demeſler
deuement ne ſont tels , & ne correſ-
pondent à la Volonté & Deſir que
toute ma Vie j'ay eu & apporteray
à l'Execution de Vos entiers Commandemens , & fidele Acquit de
Voſtre très-humble Serviteur.

MAXIMES et ADVIS

DU
MANIEMENT
DE LA
GUERRE,

ET PRINCIPALEMENT DU
DEVOIR ET OFFICE
DU
MARESCHAL DE CAMP.

I. LES MOYENS DE S'APPRESTER POUR LA GUERRE.

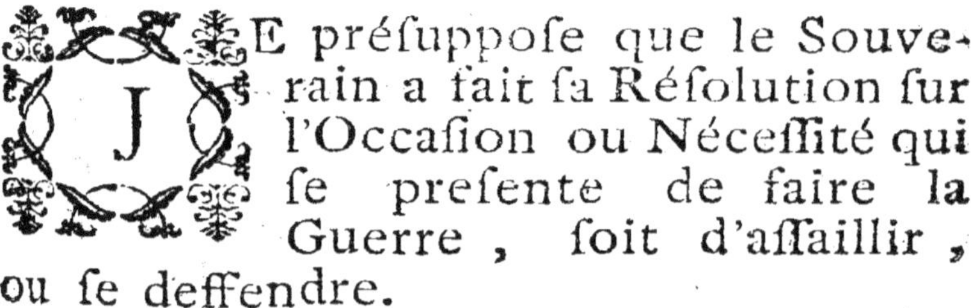

E présuppose que le Souverain a fait sa Résolution sur l'Occasion ou Nécessité qui se presente de faire la Guerre, soit d'assaillir, ou se deffendre.

Que la Guerre est justement prinse,

& fur-tout celle qui eſt pour conſer-
ver la Foy & Religion, & le Salut de
ſon Eſtat.

QUE l'on a commencé par le bon
Chemin, qui eſt de ſe retirer à Dieu
& l'avoir appaiſé, afin de le rendre
favorable; car, c'eſt le Fondement
d'un bon Chreſtien. Meſmes les Payens
ont uſé en ce de la Religion; car,
comme l'on dit ordinairement, il n'y
a Choſe ſi difficile à eſviter, que celle que le Ciel nous envoye.

QUE le Souverain aura prins le Conſeil des ſages & experimentez Capitaines; car, autrement ſi l'on n'a bien
digeré & penſé à entreprendre une
Guerre, l'on ne l'a pas acheminée, que
l'on deſire la Paix, laquelle, de ceſte Façon, ne peut eſtre deſavantageu-
ſe, comme l'on voit par Expérience.

ET ne faut prendre de Conſeils de
ceux qui ne s'entendent & n'y vont,
ains des experimentez, qui hazardent
leur Perſonne & Vie.

ET n'attendre à ſe réſoudre juſques
à ce que l'on ſe voit en Péril; car, il
eſt lors impoſſible de prendre Conſeil,
& ſuivre ceux qui ſont profitables ſans
peu de Hazard, meſme où le Diffe-
rer eſt dangereux.

IL

IL faut laiſſer les Paſſions particulieres, pour s'attendre au Danger public,
& reſerver les Vengeances des Injures
reçeues en autre Temps commode &
opportun, de ſouffrir un peu plus de
Dommage pour en eſviter un plus
grand

FAITES enſorte que la Guerre ſe
faſſe hors de vos Limites, s'il eſt poſſible; ou, pour le moins, loing du
Corps de l'Eſtat: car, où elle s'arreſte, c'eſt la Ruyne

QUAND un Prince commence par
Force, ou de bonne Volonté, la Guerre, il faut qu'il regarde s'il peut avoir
de Rebellion en ſon Eſtat.

J'ESTIME auſſi que le Souverain, n'allant à l'Armée, aura fait Eſlection
d'un bon Général, & autres Chefs experimentez, & ſur-tout fideles, deſirant
accomplir ſes Commandemens.

CAR, il ne faut apprendre l'Art de
la Guerre, lorſqu'il faut faire Preuve
de ſa Vaillance.

ET entre toutes Choſes, faut qu'il
ſoit vaillant, hardy, ſage, prévoyant,
& provident, lequel doit tousjours
prendre Conſeils ſur l'Appareil du Combat & de la Guerre; car, en luy giſt

le

le plus fort d'ycelle : & ne faut qu'il monstre estre inconstant à tous Propos & petites Choses ; car, cela diminue l'Opinion que l'on a de luy.

MAIS qu'il aye ceste Maxime qu'il gouverne sagement, quand il donne Lieu & Temps.

CAR souvent la Faute d'un Chef & Capitaine met en Oubly tout ce qu'il a fait d'excellent.

ET l'Office d'un Général est de faire combattre les autres avec Sagesse, & estre provident aux Inconveniens & Accidens.

BIEN est vray, que le Chef, se hazardant quelquefois parmy les Soldats aux Périls, leur donne Courage ; car, ils n'ont rien qui leur les asseure & leur donne tant d'Adresse que les Faicts magnanimes d'un Chef de Reputation.

ET faut aussi qu'un Général & Chef prenne garde de ne se perdre mal à propos, mesmes sur lequel l'Armée a Espoir & Fiance ; car, cela diminue l'Espérance qu'a la-dicte Armée.

ET c'est Folie à un Général & Chef de s'exposer à la Mort, quand il ne profite au Souverain, & à la Charge

qu'il

qu'il a; mais, faut qu'il se garde au Besoing.

ET ne doit avoir Crainte de Blasme par quelques Mal-advisez, qui le voudroient taxer. Car, les Gens de Jugement estimeront tousjours qu'un Chef généreux ne manquera jamais au Devoir qu'il a à son Souverain & à son Honneur.

NE faut oublier, que le Souverain entrant en Conseil, sur la Déliberation de faire la Guerre, avec les Princes & Conseillers de son Estat, Grands-Maistres & Chefs de la Guerre, comme dit Monsieur de Ravestain, ne doit manifester quel Général & Chefs il veut faire en son Armée, avec sa Résolution de la Guerre; car, ils pourront dire plus ou moins: ce qu'il ne fera pas, sçachant si luy, ou un de ses Amis, y yront.

APRE's avoir mesuré ses Forces avec celles de l'Ennemy, & de celles qui luy pourroient advenir, & advisé ce qui luy sera nécessaire pour y correspondre, faut desseigner tout ce qui est à faire, & descouvrir les Desseings de l'Ennemy, & negocier secrettement mesmes aux Faicts importants.

K 3

VOIR

VOIR quelles Gens de Cheval & de Pied, & quelle Artillerie, foit pour affaillir des Villes ou pour la Campaigne, (car ce font deux Façons,) quelle Defpenfe, tant pour la Paye des Gens de Guerre, que pour l'Eftat de l'Artillerie, & Vivres, & Efpions, & autres Chofes néceffaires pour la Suite d'une Armée, qui viennent extraordinairement : fupporter toute la-dicte Defpenfe, & y pourvoir, & donner Charge à des Gens d'Honneur, bien entendus pour les Effects, qui regardent au Service du Souverain, & Utilité de l'Eftat, & à leur Honneur, plus qu'à l'Avarice & eftre trop refferrez, voulant fe monftrer bons Mefnagers où il ne faut pas. Et, ayant fupporté toute la fus-dicte Defpenfe, qu'ils pourvoyent que l'Argent ne manque à ce qui aura efté ordonné.

CAR, il ne faut rien efpargner en Defpenfe à l'Abordée de la Guerre, ny de promptitude & Furie, d'autant que ces Faicts engendrent bien fouvent une bonne Fortune de Paix.

S'IL eft poffible, faut eftre Armé & en Campaigne pluftoft que l'Ennemy, & fe faifir des Villes propres pour luy

faire

faire la Guerre & Tefte , & n'eftre tardif ny pareffeux en ce qui eft à pour-voir: autrement, s'il y a Manque & Nonchalance, cela refroidit les Cœurs des Soldats, & donne mauvaife Reputa-tion aux Chefs.

MAIS, Cas advenant, que le Souverain fuft furprins , ou qu'il n'euft fon Faict preft, il faut qu'il fouffre & entende les Propos , ou à Conditions de Trefves ou Sufpenfions, encore qu'elles fuffent defadvantageufes , pour avoir Temps de fe pourvoir & deffendre , & les faire accepter par fes Miniftres , en tant qu'il y a Moyen de difputer tousjours fur les Promeffes d'yceux.

IL faut avoir Recours aux Rufes & Cautelles, fi autrement on ne peut fuir la Furie de la Guerre, & accorder franchement ce à quoy on ne peut réfifter, pour parvenir à ce que l'on defire.

IL eft néceffaire de réfifter & faire Tefte du Commencement à voftre Ennemy, afin que fes Deffeings fe refroidiffent, fes Moyens fe depériffent, & le Temps s'efcoule.

FAUT auffi eftre réfolu de ne laiffer

une

une Entreprinfe pour quelque Malheur qui pourroit advenir ; mais s'y opiniaſtrer, juſques à ce que l'on voye la Ruyne de l'Ennemy, ou du Meilheur.

Et pourvoir & prévoir tout ce qui peut donner Empeſchement à voſtre Entreprinſe, & ne laiſſer rien paſſer, & s'ayder de l'Occaſion & Opportunité qui ſe preſente, meſmes ſans Péril.

TOUTESFOIS ne faut prendre à Honte de laiſſer une Entreprinſe, qui ſe retrouve dommageable, & ne ſe laiſſer tant envelopper à l'acquerir, que l'on adviſe tousjours à la Fin ; car, c'eſt le Faict d'un ſage Capitaine de changer d'Advis ſelon l'Occaſion.

NUL ne ſe doit uſurper le Tiltre de Général d'une Armée, ſans le Pouvoir & Commiſſion du Souverain, ny un Général ne peut créer un autre qu'on appelle en ce Royaume un Lieutenant de Roy, & faut tousjours un Pouvoir particulier.

LE Roy & Souverain doit bien adviſer, poiſer, & digérer, s'il ne va pas à ſon Armée, qui il fera ſon Lieutenant-Général d'Armée, & qui
mene-

menera l'Avantgarde, & des autres
Chofes, mais fur-tout de Marefchal
de Camp; car, c'eft une des grandes
& importantes Charges, & qu'il peut
eftre caufe d'un grand Bien à une Armée, ou la mettre en Ruyne & Perte
en plufieurs Façons.

NE mettre deux Chefs Généraux,
& de Pouvoir pareil, en la Conduite
d'une Armée; car, l'un veut eftre pré-
féré à l'autre, & entrent en Difcor-
de: mais un, qui ait la Super-inten-
dance, & les autres, foubs luy, luy aydent & affiftent.

EST raifonnable auffi, que le Général defparte de fa Grandeur & Honneur aux Chefs principaux; car, autrement, il eft en Danger d'exciter
un Defdaing & Jaloufie contre luy,
& demeureroit court en fes Entre-
prinfes.

NE fe faut fervir d'un Chef qui
s'addonne à fon Proft ou Reputation
particuliere, & non pour le Souverain
& le Public, & qui n'en veut faire
Part à ceux qui luy aydent ou font
caufe de fa Reputation. Comme auffi
eft dangereux des Capitaines avari-
cieux, & pleins d'Ambition particuliere.

K 5 FAUT

FAUT tafcher d'avoir en une Armée des Capitaines fameux & de Reputation : car, cela fert beaucoup à l'Exécution des Entreprinfes, & encourage les Soldats.

EST très bon d'appeller à fon Secours, ou retirer, un Prince de Nom, de Valeur, & de Reputation, encore que pour le Coup & Temps l'on ne s'en veuille fervir.

FAUT prendre garde que les Capitaines, defquels l'on fe veut fervir en notables Faicts, ne fe hayffent

JE diray que c'eft Chofe bien dangereufe d'avoir des Soldats obftinez, & encore davantage des Capitaines & Chefs

MAIS quand il fe prefente quelque Prince, Seigneur, & Capitaine, que fon Affection & Veuë n'eft autre que de vouloir fçavoir bien faire, & par-là acquerir Honneur & Reputation, & fervir fon Prince Souverain avec la Fidélité qui peut enfuivre, ne le faut defprifer, ains le pouffer, & donner Moyen de fervir : car, il fe voit par les Hiftoires tant anciennes que modernes, que plufieurs jeunes Capitaines de l'Aage de vingt-cinq Ans ont fait

de

de grands Traits, & exécuté de grandes Etreprinſes.

Et ſi Cas advenant qu'il ſe faille ſervir d'un jeune Prince, il luy faut bailler des Capitaines experimentez, qui ayent Authorité, & qui puiſſent tenir Bride à ſon jeune Deſir, & reprimer le Conſeil d'aucuns Jeunes qui ſont près d'eux ; car, là-où Conſeil des Jeunes emporte celuy des Vieillards, c'eſt la Ruyne.

Le Général de l'Armée doit connoiſtre ſes Chefs & quaſi tous les Capitaines, afin qu'il puiſſe donner la Charge ſelon la Portée d'un chaſcun ; car, il y a des Capitaines, qui ſont bons à demeurer fermes à un Combat, qui ne ſont propres à faire une Entreprinſe, ſoit aux Villes, ou à la Campaigne, ou à chercher un bon ou dextre Party. Et eſt très-grande dextérité à un Général, & grandement profitable, quand il connoiſt & ſçait à quoy un chaſcun de ſes Capitaines eſt bon : & de ce, ſe peut faire un très-grand Meſnagement militaire.

Par-quoy, il faut que le Général aye tousjours en Main des Capitaines choiſis, expérimentez & ruſez au Faict

de

de la Guerre, fideles & affectionnez au Service, avec Defir d'Honneur & Gloire pour s'en fervir aux Entre-prinfes de Pays gualhardes (1) & ha-zardeufes.

***

II. L'ORDRE POUR LOGER L'ARME'E.

APRE'S que le Souverain aura pour-veu à la Levée des Gens de Guerre, tant de Cheval que de Pied, & efleu les Chefs qui font néceffaires, faut qu'il leur affigne une Ville où ils pren-dront le Commandement du Général & autres Chefs de ce qu'ils auront à faire, & mefmes les Rendez-vous où il faudra aller camper ; en laquelle Ville doit eftre faite la premiere Affem-blée & Eftape de toutes Munitions de Guerre, d'Artillerie, & Vivres

A UNE ou deux Lieues de la-dicte Ville faut choyfir un Lieu où toute l'Armée s'affemblera pour camper, en telle Affiette, & avec tel Deffeing & Regle,

(1) gaillardes

Regle, comme si l'Ennemy estoit à
deux Lieues de-là, prest à venir au
Combat; & y observer toutes les Regles de la Guerre pour un Logement,
en Ordre de se mettre en Battaille &
se deffendre comme sera dit cy-après.
Car, il est certain, qu'à l'Abordée
d'une Armée un chascun desire sçavoir
la premiere Impression que les Gens
de Guerre reçoivent, ils la tiennent
mieux imprimée : comme aussi leur
faire observer les Loix & la Police,
afin qu'ils n'en pretendent Cause d'I-
gnorance à la faire : & faut tenir la
Main au Chastiement de ceux qui ou-
trepasseront; car, par après, on n'a
pas tant de Peine à les faire observer.

MAIS, d'autant qu'il appartient à
un Mareschal de Camp de faire l'Assiette
du Logis de l'Armée, donner le Lieu
de Combat, le mettre en Ordre de Battaille, tenir l'Oeil à toutes Choses au
desloger, le Mareschal doit estre prévoyant & provident, tant des Vivres
que des autres Choses qui sont en l'Armée, ou qui en dépendent : car, il a
la principale Charge après le Général
en chef de l'Avantgarde, & sur lequel
l'Armée la pluspart du Temps se
repose.

K 7

LE

LE Temps passé, les Mareschaux de France estoient ceux qui faisoient l'Estat de Mareschal de Camp, là-où le Souverain estoit, & menoient ordinairement l'Avantgarde, sur la Foy duquel le Souverain, ou Général, qui menoit l'Armée, marchoit.

PAR-QUOY, il faut descrire un peu quelle est la Charge de Mareschal de Camp, & quel il doit estre.

III. DU DEVOIR ET OFFICE DU MARESCHAL DE CAMP.

JE diray premierement, qu'à une grande Armée, il ne se peut faire ce qui appartient à l'Estat de Mareschal de Camp par un seul, mais faut qu'il y en aye pour le moins trois, l'un pour l'Avantgarde, l'autre pour la Bataille, & le dernier pour le secourir. Mais, s'il en tomboit quelqu'un malade, il est impossible qu'un seul puisse voir, prévoir, & pourvoir à tant de Trouppes de diverses Façons & Humeurs, à tant de Faicts qui sont en une Armée, ny a tant d'Accidens nouveaux qui interviennent d'Heure en autre.

tre. A quoy faut qu'il y aye Conférence ; car, un chafcun n'eſt pas à toute Heure libre d'Eſprit pour décider,
digérer & réſouldre tant de Choſes
importantes, dont bien ſouvent l'on
ne peut attendre l'Advis du Général;
ce que toutesfois, s'il eſt poſſible, il
faut, ſi le Temps & le Loyſir le permet.

NEANMOINS en Maximes quels doivent eſtre les Mareſchaux de Camp,
je n'en parleray qu'en ſingulier, d'autant que les autres doivent eſtre, s'il
eſt poſſible, de meſmes que celuy que
je formeray. Et tient-on, que le premier eſt celuy qui aura le plus an-
cienement fait l'Eſtat de Mareſchal de
Camp. Mais, il n'a encore eſté dé-
cidé à qui eſt l'Honneur d'eſtre à
l'Avantgarde ou Battaille.

LE Mareſchal de Camp principal
doit eſtre choyſi par le Souverain ou
Général, comme le plus adviſé & experimenté de ſes Capitaines : qu'il ſoit vi-
gilant, diligent & affectionné aux Charges que l'on luy baille : qu'il aye eſté d'autres fois avec des Mareſchaux de Camp
s'il n'a fait l'Eſtat pour apprendre ;
car, il y a des Regles au-dict Eſtat,
que bien peu de Capitaines ſçavent,
s'ils

s'ils ne l'ont appris par long Usage, & experimenté à la Suitte & Assistance desdicts Mareschaux de Camp : & n'y a pas tant de Danger qu'il y aye quelque Manquement au Général d'entendre le Faict de la Guerre, comme au Mareschal de Camp.

LE Mareschal de Camp est la Voix & le Commandement du Général, le Porte-Faix & Sominer de l'Ost & de l'Armée, comme l'on dit. Car il faut que toutes Choses passent par son Sçeu, & la pluspart par son Ordonnance : qu'il sçache toutes Choses, tant petites soient-elles, & qu'il en tienne comme Registre pour le Soulagement du Général, Chefs & Principaux & de l'Armée.

PAR AINSI le Mareschal de Camp doit sçavoir toutes Choses de l'Armée & qui en consistent & dependent, & doit cognoistre non-seulement les principaux Chefs & Capitaines, mais jusques au plus petits, & sçavoir les Forces qui sont en ycelles, tant de Cheval que de Pied & de toutes Qualitez, & les avoir par Estat : aussi quel Equipage d'Artillerie & Suitte d'yceluy ; sur-quoy faut que le Grand-Maistre de
l'Ar-

l'Artillerie, ou son Lieutenant , envoyent souvent vers yceluy un des Commissaires, pour voir s'il y a nouveau-Advis pour y pourvoir , soit a marcher, Rabillaige de Chemins, ou faire Ponts.

DE-MESME le Commissaire Général des Vivres faut que luy ou un des siens soit à toute Heure au Logis du Mareschal de Camp , pour recepvoir les Commandemens , communiquer avec luy ce qu'ils auront à faire, & à pourvoir pour les-dicts Vivres, & s'il est rien intervenu despuis le dernier Arrest & Communication; s'il est besoing de marcher, pour sçavoir entendre quel Chemin prendront les Vivres, & voir & prévoir s'ils y peuvent venir à Seureté, & quelle il leur faut bailler, mesmes s'ils s'esloignent des Estapes d'yceux, & s'il en faut faire de nouvelles

C'EST au Mareschal de Camp d'avoir ses Guydes en Main, & pour le moins celuy qui en est le Capitaine , & les a en Charge, pour s'enquerir à toute Heure des Chemins, afin de voir la Difficulté ou Facilité de marcher; car, quelquefois , si l'on n'y prend

gar-

garde, l'on achemine & embarque l'Armée en Lieu qu'il eſt mal ayſé de conduire ce grand & poiſant Faix de l'Artillerie, comme auſſi à l'Embaraſſement du Bagage, & pour la Commodité & Eſloignement des Vivres.

QUE le Mareſchal de Camp doit eſtre adverty de toutes Choſes, non-ſeulement de ce qui ſe paſſe en l'Armée, mais aux Environs & au loing, pour donner Raiſon à un chaſcun de ce qu'ils auront à faire.

LA pluſpart des Eſpions doivent paſſer par ſes Mains, pour ſçavoir des Nouvelles des Ennemis de toutes ſortes, afin qu'il puiſſe pourvoir à ce qui eſt néceſſaire pour l'Armée & inſtruire ceux qui yront à la Guerre, ſoit pour les Eſcortes, ou pour ſçavoir des Nouvelles de l'Ennemy, afin qu'ils ne tombent en quelques Inconvéniens par faute d'Advis. Car, ſi les Eſpions ne ſont bien inſtruits, ils ne portent rien qui vaille, ou ſont ſurprins : & eſt à noter, que les Eſpions doubles ſont les meilleurs, pourveu qu'ils vous ſoyent plus fideles qu'à l'autre Party.

L'AR

L'ARME'E preſtc à aſſembler, faut que le Mareſchal de Camp ſçache le Deſſeing du Souverain & du Général : & , après avoir prins par Eſtat, comme dit eſt, toutes Choſes qui concernent l'Armée, & qui en dependent, les repréſenter au-dict Général, pour là-deſſus eſtre ordonné avec le Conſeil ce qui ſera bon de faire pour l'Exécution de l'Intention du Souverain.

FAUT qu'il ſçache du Général en quel Ordre il pretend que l'on marche, à ſçavoir quelles Trouppes, Régimens, & Compaignies, tant à l'Avantgarde, qu'à la Battaille, & qu'à l'Arrieregarde, s'il y en a; afin que, là-deſſus, il faſſe un Réglement, qu'il faira entendre aux Chefs des Régimens & Trouppes.

FAIRA l'Eſtat & Rolle pour les Gardes, afin qu'il n'y aye Confuſion : & que le Mareſchal des Logis de l'Armée en tienne un Rolle, pour advertir ceux qui font de Garde de Jour à autre; &, pour le mieux, un Jour devant, afin que la Trouppe, qui aura à faire Garde, ſe tienne preſte.

COMME auſſi de meſme pour ceux que l'on ordonnera d'aller à la Guerre, re, ou aux Escortes, & tenir tousjours deux Compaignies de Gendarmerie désignées, & prestes pour marcher à ce qui sera nécessaire, & quand seront commandées.

Et mesme, pour les Gens de Pied, en advertir le Colonel, ou Maistre de Camp, afin que s'il faut renforcer les Gardes, ou aller à la Guerre, ou escorter, ils soyent plus prests.

Les Compaignies des Mareschaux de Camp ne font Garde, de Nuiót, ny de Jour. Ainsi, sont conservées pour faire les Courses & Exploiéts qui faut qui soyent faits à l'Improviste, sans attendre le Commandement d'autres Compaignies; & qu'il y aye tousjours une Trouppe d'ycelles preste à monter à Cheval. Aussi les-dictes Compaignies sont tenues d'estre en Battaille l'Armée marchant, jusques à ce que le Camp soit assis & logé, le Guet ordonné de Jour, mais qu'il soit arrivé; & s'ils n'ont de Compaignies ou n'en ayent assez, ils en achoysiront: & est très-bon, que les-diéts Mareschaux de Camp menent, quand ils marchent, les Compaignies qui doivent estre de Garde de Jour ou de Nuiét,

afin

afin qu'ils ayent repeus & se soyent accommodez pour bien faire leur Devoir.

Le Mareschal de Camp doit adviser la Commodité ou Incommodité de l'Assiette du Camp : car, bien souvent, il se trouve des Lieux qui sont d'un Costé bien forts, & d'autres non, & des Incommoditez en un Temps qui ne sont en l'autre. Et ne se faut arrester au Rendez-vous qui aura esté donné ; car, si l'Assiette n'est assez bonne, il la faut chercher à demy ou à une Lieue de là ; & s'il y a Changement, en advertir incontinent le Chef de l'Avantgarde, le Grand-Maistre de l'Artillerie, & le Général qui mene sa Battaille, par Homme exprès bien entendu.

Le Mareschal de Camp doit regarder en l'Assiette de l'Armée en un Lieu advantageux, comme d'estre sur un Haut, s'il se peut, avec la Commodité de l'Eau. Mais, il faut prendre garde, que le Ruisseau, qui se pourroit trouver à vostre Teste pour faire le Logis fort, ne soit esloigné de vostre Costé, & s'approcher tant de l'autre que l'Ennemy ne s'y puisse venir

nir loger, & débattre la-dicte Eau à son Advantage. Car, en telles Choses, il s'en est veu plusieurs Inconvéniens : & si, de de là le Ruisseau y avoit une Place advantageuse, la faut aller gagner premier que l'Ennemy, & mettre le Ruisseau derriere pour la Commodité, ou à Main droite, ou à gauche, & s'en servir comme d'un Fort de ceste Part.

ET Cas advenant, que l'on ne puisse mettre un Ruisseau devant, est trèsbon de faire une Tranchée à la Teste de l'Armée. Car, par-là vous esvitez les Surprises sur vos Gardes, ou des Braveries, qui, encore qu'elles ne portent Dommage, donnent Reputation à l'Ennemy, & Manquement à l'Amy & aux Chefs & Capitaines, principalement au Mareschal de Camp. Aussi cela soulage beaucoup les Gens de Cheval de faire de grosses Gardes, & encore les Gens de Pied.

FAUT que le Mareschal de Camp aye l'Ingénieur près de luy, auquel faisant l'Assiette de l'Armée il fera entendre son Intention, & ce que porte la Regle de la Guerre ; lequel Ingénieur, par après, fera le Desseing de

la

la Tranchée avec les Flancs qu'il y faut.

LA premiere Affiette, que l'on doit faire, eft de l'Artillerie, & la mettre en Lieu de Seureté, & qu'elle puiffe jouer & faire fon Effect ; car, l'Affiette d'ycelle doit donner l'Intelligence de la Place d'un chafcun. A Quartier, doivent eftre logées les Munitions d'ycelle, loing des Maifons & Chemins néceffaires, Hayes, & Foffez, afin que l'on voye ceux qui en approcheront, de peur qu'il n'en advienne Inconvenient par le Feu ; & defigner le tout aux Commiffaires. Le Grand-Maiftre de l'Artillerie, & Train d'ycelle, en Lieu qu'il ne puiffe empefcher l'Ordre de Battaille defigné, logera les Chevaux de l'Artillerie non loing de-là : & fi c'eft en Lieu où on loge à couvert, que ce ne foit au plus proche Village, néanmoins couvert de Gens de Guerre, & donner Charge à la Trouppe qui les couvrira de les advertir pour leur Retraite, fi Cas advenant qu'il y euft Ennemy en Campaigne, d'autant que fe font Créatures qui n'ont point de Deffenfe, comme auffi des Pionniers. Car, s'il en advient

Incon-

Inconvenient, ce feroit arrefter l'Armée. Par-quoy, leurs Logis eft Privilege pour les mettre à Seureté.

Derriere l'Artillerie, & au Coftez, il faut laiffer un grand Efpace pour mettre en Battaille les Efcadrons & Battaillons, tant de Cheval que de Pied, & après droit à droit de la-dicte Artillerie l'on y loge les Suiffes ou Lanfquenets : car, ils font accouftumez de l'avoir en Charge & Garde ; &, à la vérité, ils ont un grand Soin d'ycelle, & des Munitions.

Les Gens de Pied François feront logés à Cofté des-dicts Suiffes ; & s'il y a trop de Regimens, on en pourra loger Partie à Main droite, & Partie à gauche, afin que s'il vient quelqu'un à l'Armée, tous enfemble fe trouvent en Ordre de Battaille pour la recepvoir ou donner ; & en la Deffenfe de la-dicte Artillerie & Tranchées, s'il y en a.

Faut advifer de ne loger les Gens de Pied dans un Fonds s'il eft poffible, mefme pour y féjourner, d'autant que le Soldat ayant travaillé fe morfond de l'Humidité qu'il a en foy, & le fait tomber en de grandes Maladies ; ce qui

qui n'advient pas , si on les campe sur un Haut qui est sec , & prendre garde qu'il y aye de la Commodité d'Eau, & s'il est possible qu'ils n'aillent gueres loing, & quelquefois prendront garde à leur Chauffage de quelque Bois ou Hayes.

QUANT à la Gendarmerie & Gens de Cheval, il faut loger l'Avantgarde à la Main droite, & la Battaille à la Main gauche un peu en arriere, dont sont logés les Gens de Pied , selon les Commoditez qui se trouvent, soit de l'Eau, ou des Hayes & Bois pour attacher leurs Chevaux, s'il n'y a de couvert. Car, il faut laisser le Devant libre, pour se mettre en Battaille. Aussi, que le Logis de la Cavallerie emporte beaucoup plus d'Espace , que ne fait celui des Gens de Pied.

ET faut que le Mareschal de Camp, avec les Capitaines experimentez, Collonels, & Chefs des Regimens, recognoissant bien les Advenuës, projectent & advisent de despartir les Forces à une Allarme , pour la Garde du Camp & des Tranchées. Et ne peut-on représenter ceste Affaire par efcrit, mais faut que ce foit l'Oeil qui en juge fur le Camp & advenant d'yce-luy & des Forces de l'Ennemy & de leur Qualité.

Le Logis du Général doit eftre com-me au milieu de fes Forces, avec les principaux Chefs de l'Armée, à fçavoir entre les deux Logis de la Gendar-merie & derriere les Gens de Pied, y laif-fant néanmoins un Efpace de Place entre yceux, & fon Logis, dont d'un Cofté doivent eftre logés les Commif-faires des Vivres avec leur Attellage, & de l'autre les Vivandiers & Volon-taires, & parmy eux les Prévofts pour faire tenir la Regle, tant aux Gens de Guerre, qu'aux-dicts Vivandiers, aufquels eft à noter qu'il faut donner bon Traittement, & en avoir Soin, pour en acheminer plufieurs; car, il eft certain, que s'il n'y va des Vivres volontaires, il y a Difette au Camp; & fi le Soldat ne voit d'autres Vivres que de Munition, il fe fafche, & veut eftre repeu des Yeux comme du Ventre.

Les Marefchaux de Camp doivent ef-tre logés le plus près qu'ils pourront du Général, avec leur Suitte, à fçavoir

leurs

leurs Compaignies ou Trouppes qu'ils auront choifies pour leur Efcorte avec le Capitaine des Guydes & une Tente pour recepvoir les Efpions & les retirer. Car, à toute Heure, il faut que le Marefchal de Camp foit auprès du Général, pour entendre & recepvoir fes Commandemens & luy donner Advis de ce qu'il aura entendu, tant par les Gens qui auront efté dehors à la Guerre, que par les Efpions, & auffi de ce qu'il intervient d'Heure en autre en l'Armée, & pour faire affembler les Chefs qui font du Confeil extraordinairement quand l'Occafion s'y préfente.

Sɪ l'Armée eftoit fi grande, qu'il falluft defpartir l'Avantgarde en la Bataille en Logis & Affiette, & qu'il y euft à la-dicte Avantgarde Battaillon & Picquet comme il eft accouftumé aux Camps Royaux, il faudroit prendre & faire l'Affiette au pied de ce que deffus, & la loger près de la-dicte Bataille, afin qu'ils fe puiffent promptement fecourir l'un l'autre ; & faut qu'il y aye un Marefchal de Camp ayant des Marefchaux de Logis.

Sɪʟ y a Arrieregarde, il la faut

loger

loger fur la Queuë de l'Affiette de l'Armée, afin qu'elle ferre le Camp, & faffe les Gardes de ce Cofté-là: & Cas advenant, qu'il n'y euft Arriere-garde, faut choifir des Trouppes tant de Cheval, que de Pied, pour les y loger à tour de Rolle.

LES Chevaux-legers, eftant tels qu'ils doivent eftre, peuvent de beau-coup fervir au Soulagement de l'Ar-mée, & les faut loger le plus fouvent que l'on pourra à Seureté, afin qu'ils ne foyent laffés de Gardes, & puiffent travailler le Jour à la Campaigne. Quel-quefois on les logera devant en un Village non loing à Seureté, en leur baillant cinq ou fix Compaignies de Gens de Pied pour Efcorte, afin de leur donner Moyen & Temps pour monter à Cheval s'ils eftoient affail-lis.

LE Marefchal de Camp doit eftre accompaigné de trois ou quatre Aydes, Gens de Guerre, qui ayent hanté les Marefchaux de Camp & veu faire les Affiettes d'Armées, pour aller faire le Defpartement des Quartiers des Troup-pes & Compaignies de la Gendarmerie; bien que, à cette heure, que l'on

les

les met par Regiment, il y aye moins de
Peine : car, c'eſt au Mareſchal des
Logis en chef de Regiment à deſpartir
à chaſcune Compaignie. Les-dicts Aydes
doivent aſſiſter tousjours au Mareſchal
de Camp, pour entendre ce qu'ils auront ordonné, afin de voir par après
s'il l'exécute, & auſſi pour requerir
les Commandemens qu'il faudra faire
d'Heure en autre aux Trouppes à ce
qu'il peut intervenir, voir les Defauts
& Deſordres qui peuvent eſtre, pour
en advertir le Mareſchal de Camp
meſme. Ils y doivent pourvoir
par Advertiſſement qu'ils feront aux
Chefs.

FAUT qu'il y aye un bon Mareſchal
de Logis ou deux, quand il y a Avantgarde, connus & remarqués avec
quatre Fourriers, pour aller faire les
Commandemens meſmes des Gardes,
quand le Mareſchal de Logis n'y pourra aller, comme auſſi pour aller chercher les Capitaines, auſquels les Mareſchaux de Camp voudroient parler & faire entendre quelque-choſe, ſoit
pour aller à la Guerre ou aller recognoiſtre les Gardes ou leur Place de
Battaille venant à l'Armée, ou bien

L 3

quand

quand ils marcheront en Campaigne à quelque Commandement particulier : & est très-bon, que les Fourriers portent leur Saye & Hauqueton d'Orfeverie, pour estre recognus d'un chascun. Aussi que s'il advient quelquechose de nouveau de Jour oude Nuict, qu'il faille marcher, les Aydes Mareschaux de Logis & Fourriers aillent donner Advis aux Chefs de l'Armée selon leur Qualité ; & faut en avoir suffisamment, mesme quand l'Ennemy est proche, ou que l'on est dans son Pays, qu'il y a Moyen de faire des Embuscades & Courses sur l'Armée, par le Moyen des Retraites qu'il y a, soit aux Bois, ou Villes, & Forts.

CESTE Forme de loger est quand l'Armée campe, & les Gens de Cheval sont au Picquet, que l'on estime que les Ennemis pourroient venir s'affronter & au Combat, s'ils voyient l'Avantage ; mais, logeant l'Armée à couvert, ce qu'il faut le plus que l'on pourra, mesmes les Gens de Cheval, il y faut proceder autrement, toutesfois non loing de ce dessus, mais mettre la Gendarmerie aux plus proches Villages. Cela fait qu'elle endure & pâ-

pâtit plus longuement en Armes, d'autant que tous les Gens de Cheval n'ont pas Moyen d'avoir des Pavillons & Tentes ny grand Equipage pour aller au Fourage pour leurs Chevaux.

Et logeant l'Armée à couvert comme en l'Hyver, où qu'il n'y aye point de Néceffité de les tenir fi ferré & du tout camper, il faut loger les Gens de Pied, & l'Artillerie à la Tefte, & loger la Gendarmerie par les Coftez & Quartiers, les uns à Main droite, les autres à feneftre. Car, il eft plus ayfé à la Cavallerie d'aller trouver les Gens de Pied, que non pas eux ceux de Cheval. Et fi l'Affiette du Pays porte de loger auffi avant que fa Tefte, leur fera baillé de Gens de Pied pour leur tenir Efcorte à monter à Cheval, & quelque-fois trouvera-t-on un Village non loing de la Tefte, qui fera à propos de loger de la Gendarmerie ou Chevaux-legers, avec quelques Trouppes de Gens de Pied qui feriront de Garde & Vedette à l'Armée, & donnera Advertiffement s'il y a quelque-chofe qui marche. Car, petite Trouppe ne peut enfourer, ny porter grand Dommage, & grande Trouppe

L 4

ne

ne marche legerement, & la fent-on tousjours venir.

CE font les Regles d'un Logement, qui fouvent ne peuvent eftre toutes faites comme elles font defignées; mais, il en faut approcher le plus preft qu'on pourra, & pourveoir aux Deffauts qui y pourroient eftre, pour les Deffauts de l'Affiette.

C'EST au Marefchal de Camp de recepvoir les Trouppes qui arrivent: comme auffi, lors que l'Armée fe rompt, c'eft à luy de leur donner le Chemin qu'ils doivent tenir, ou faire entendre ce qu'ils auront à faire felon l'Intention du Général, & ce qui aura efté arrefté au Confeil.

C'EST au Marefchal de Camp à qui fe doivent addreffer les Capitaines, pour avoir le Mot du Guet. Car, par luy, ils pourront entendre ce qui fera différé, foit de la Garde, ou du Deflogement, ou pour aller à la Guerre.

FAUT loger les Trouppes mefmes des Eftrangers defparties des voftres, afin qu'ils n'ayent Occafion de fe quereller, & mettre des Corps de Gardes à une & autre Nation entre les deux Logis, pour éviter les Querelles.

FAUT

Faut que le Mareschal de Camp soit patient en beaucoup de Choses. Mais, aussi doit-il estre bien exact à faire observer les Loix & Regles, & à faire punir les Fautes. Car, il y va du Service du Souverain, du Salut de tous, & de son Honneur, pour les Inconveniens qui adviennent, quand on n'observe ce qui a esté ordonné & commandé, & mesmes en de petites Choses.

Et faut noter, que la Charge la plus enviée & subjecte à Calomnie, & de qui on parle le plus, est le Mareschal de Camp; car, bien souvent, le plus ignorant en veut raisonner.

IV. L'Arrive'e du Souverain, ou General, au Camp.

Apre's que toutes les Trouppes sont arrivées au Camp & logées, le Souverain ou Général de l'Armée doit venir, & pense que non plustost, afin de ne voir beaucoup de Desordres, Insolences, & Ignorances, qui se commettent à l'Arrivée

des

des Gens de Guerre à un Camp : &
est bon, que le Général ne les voye,
& que les Mareschaux de Camp &
autres Chefs qui seront là pour l'Affiette, & recepvoir les Forces, fassent
entendre combien le Général trouve-
roit mauvais les Desordres, afin que,
lors qu'il arrivera, tout soit rassis, &
ne fera semblant de sçavoir ce qui est
passé.

ESTANT arrivé au Camp, sera bon
qu'il aille en premier recognoistre la
Place de Battaille, qui sera derriere
l'Artillerie, pour monstrer Exemple à
un chascun, & recepvoir les Capitaines
& Chefs qui n'auront esté au-devant de luy, & qu'il se monstre à
tous, afin qu'un chascun le cognoisse.

LE Mareschal de Camp sur le Lieu
luy doit faire entendre la Commodité
ou Incommodité du Logis, les Deffauts qu'il y a à cause de l'Affiette
s'il y en a, les Expédiens que l'on a
trouvé pour couvrir & remedier à
ceste Faute, l'Ordre qui y a esté mis
pour les Gardes, & des Logis qu'il aura fallu faire dehors l'Affiette du Camp,
quelquefois par contrainte, afin que

le

le Général y trouvant quelque chofe à
redire, y puiſſe augmenter ou dimi-
nuer.

LE Général doit aller par après à
ſon Logis , & là entendra en quel
Eſtat tout eſt , s'il y a encore des
Trouppes à joindre l'Armée , ſi les
Vivres font en bon Eſtat , & s'il n'y
en a point de Faute , ſoit de l'ordinaire, ou des volontaires, quel Marché il y en a, ſçavoir & voir ſi le
Pain de la Munition eſt bon & aſſez peſant, & en faire taſter devant
luy, faire Eſtat devant un chaſcun qu'il
veut que les Soldats ſoient traittes,
s'enquerir comme ils font logés , quelle Commodité, parler de la Paye, afin
qu'il faſſe enforte que les Soldats luy
ſoyent affectionnés.

LE Général remontera à Cheval ſur
l'Aſſiette des Gardes , pour voir les
Advenuës , & ſe faire déclarer aux
Mareſchaux de Camp quelles font, quel
Ordre, & s'il y a des Tranchées, les
recognoiſtre & ſçavoir quelles Trouppes ſont ordonnées en chaſcun Quartier pour les deffendre.

S'ENQUERIR & ſçavoir comment font
logés les Gens de Cheval , quelles

Gardes & Forces ordonnées pour le Guet, bref monſtrer eſtre ſoigneux de toutes Choſes, encore qu'il fuſt aſſeuré qu'elles fuſſent très-bien.

DEVANT le Logis ou Tente du-dict Général faut qu'il y aye une Place, afin qu'il n'y aye preſſe à tant de Gens qui le vont voir, auſſi pour la Garde de Nuict & de Jour auprès de ſon-dict Logis.

LE Lendemain au Matin, le Général communiquera les principaux Chefs de ſon Armée, & en peu de nombre pour diſcourir & adviſer ce qui eſt de faire, poiſer les Forces de l'Ennemy avec les ſiennes, quels Deffauts ils pourront avoir en ſon Armée, & quel ſera meilleur de marcher vers l'Ennémy, ou l'attendre; & diſcourir ſur le Deſſeing du Souverain, ſoit d'aſſaillir, ou ſe deffendre, ce qui peut nuire à l'Ennemy, s'il eſt en Campaigne, tant pour le garder de marcher, que pour le couvrir & preſſer de venir vers vous au Combat, ſi eſt voſtre Advantage: & après avoir conferé y faire une Réſolution; & s'il ne ſe peut, la remettre à un autre Jour, que l'on y aura mieux penſé, & entendu plus amples Advis de l'autre Party. L'A-

L'APRES-DISNER faira autre Conférence, où il y aura plus grand Nombre de Gens, à sçavoir les vieux Capitaines, des Gens d'Armes assistez d'autres jeunes Capitaines de bonne Volonté, qui seront debout pour escouter & apprendre, un ou deux autres Maistres de Camp de Gens de Pied, pour voir ce qui sera proposé, débattu & arresté : & quelquefois, sur la Fin du Conseil, faire venir les Collonels d'yceux ; & à ceste Abordée, il pourra contenter plusieurs, s'honorans qu'ils sont du Conseil.

LE Jour d'après, s'il est possible, faut faire la Monstre & Reveuë de ceux qui ne l'auront faite, afin que par-là il puisse cognoistre quelles Forces il a, pour pouvoir là-dessus mieux résoudre à ce qui sera defféré, & abstraindre un chascun & lier la Foy avec Serment.

SERA bon, avant que l'Armée desloge, de faire mettre tous les Gens de Guerre en Battaille une ou deux fois, comme si l'on vouloit aller au Combat, & apprendre & faire exercer toutes les Trouppes à marcher, soit en avant, ou quelquefois pour gagner un

Ad-

Advantage au Coſté ſans ſe mettre hors
des Rangs & Filets de Battaille & Ordonnance premiere.   Par-là, le Général, les principaux Chefs, les Mareſchaux
de Camp, & les Maiſtres de Camp,
verront les Deffauts, qui peuvent eſtre aux Regimens, Trouppes, ou Compaignies particulieres, pour y pourvoir. Car, chaſcun reçoit ſes premiers
Advertiſſemens.   Les Soldats de toute Qualité apprendront à ſe mettre en
Ordre de Battaille d'eux-meſmes, &
les Capitaines, qui ne feront encore du tout tant experimentez qu'il
feroit de beſoing, s'ils ont Envie de
faire quelque Choſe de Bon, taſcheront
d'apprendre : car, comme a eſté dit
cy-deſſus, il n'en ſera pas Temps quand
ils viendront au Combat; & ne s'arreſter à ce qu'aucuns voudroient dire,
que c'eſt monſtrer à l'Ennemy le Deffaut qui eſt en l'Armée, & qu'il ſem-
bleroit qu'ils faſſent nouveavx Soldats.   Je dis, que les vieux en doivent eſtre bien ayſes, pour rafraiſchir
la Mémoire de ce qu'ils auront veu
& appris; car, toutes Choſes veullent
eſtre exercées & pratiquées : & faudra
faire marcher l'Artillerie en l'Eſtat
qu'el-

qu'elle doit eftre un Jour de Combat.

Je diray de l'Artillerie , qu'il eft bon d'en avoir Quantité , parce que bien fouvent elle fért de beaucoup : & bien qu'aucuns tiennent, qu'elle ne fait grand Effect, je fuis de leur Opinion ; mais, peut-eftre d'autre Façon qu'eux. Je dis que l'Artillerie, où elle donne à plomb, eft fi furieufe, que nul ne la peut longuement fouffrir, & fait defplacer le Bataillon où elle donne, ou le fait venir au Combat mal-à-propos defavant en Penfement, ou en Frayeur, & ne peut-on endurer qu'il faffe grand Effect.

Le Meinement de l'Artillerie eft un Art Militaire à part, comme celuy du Marefchal de Camp , qu'il faut apprendre particulierement, foit le Grand-Maiftre d'ycelle , les Commiffaires ordinaires & extraordinaires, les Canonniers , & plufieurs Officiers, qui y font néceffaires : car , il y a infinies Chofes, qui confiftent à ce Gouvernement & à l'Exécution, qu'il faut apprendre de longue Main par Expérience & Exercice.

En

EN premier, eftre libéral de fa Vie ; car, les plus hardis n'y font que les meilleurs : & pour bien fervir faut avoir du Jugement & Entendement ; eftre Architecte & Geometrien, pour cognoiftre les Longueurs & Diftances ; eftre Ingenieux, pour faire dreffer les Tranchées, & loger les Pieces & Gens qui les gardent & exécutent ; entendre aux Fontes, Alloyement d'ycelles, aux Forges, à la Charpenterie, Charroy, pour faire dreffer le Remontaige pris pour les Ponts tant à Bateau qu'aux autres, aufquels bien fouvent il faut mettre la Main ; l'Art de la Conduite du Charroy ; s'entendre bien à la Mifne & Sape ; bon Financier, afin qu'il ne foit trompé en infinité de Defpenfes qu'il faut faire, mefmes extraordinairement, & à tout Coup.

CAR, le Grand-Maiftre de l'Artillerie ou fon Lieutenant-Général en ycelle, ou particulier d'une Bande, doivent eftre fuffifants pour redreffer les Officiers, Gens de Meftier, & Conducteurs d'ycelle, & les tiennent tousjours en Office de leur Devoir, fçachant que leur Chef cognoiftroit & defcouvriroit leurs Fautes & Imperfections.

ET

Et, pour parler du Faict de l'Artillerie sainement, il faudroit en faire un long Discours à part, pour la Conduite & Maniement & Exécution d'ycelle. Bien en sera-t-il dit quelquechose venant sur l'Importante Exécution.

Pour le Deslogement de l'Armée et Forme de marcher, et ce qu'il faut faire au Logis subsequent.

Avant que se résoudre de faire desloger l'Armée, faut estre adverty de tout ce qui se passe, soit au Pays de l'Ennemy, si le Desseing est d'y entrer, ou s'il est en Campaigne.

Et ne faut que le Général croye legerement aux Advis ou Persuasions d'autruy, qui font souvent trop haster, mesmes à ceux qu'il ne cognoist.

Car, là-où l'Ennemy est près il va souvent du Peril à loger & plus à desloger, & sur-tout à une Retraite : par-quoy, il faut bien considérer, avant que s'esbranler.

Si

Sɪ l'Ennemy eſt près, & réſolu de donner la Battaille, faut que le Général, s'il n'y peut aller, envoye des principaux Chefs, avec des Mareſchaux de Camp, viſiter l'Aſſiette, ſoit pour la donner, ou pour ſe loger, & qu'ils en conferent & conſultent enſemble ſur toutes Choſes, qui s'offriront pour le rapporter au Général.

Eſᴛ bon, ſi l'on n'eſt preſſé, que la premiere Journée que l'Armée deſplacera, ſoit petite, & qu'au Deſloger l'on fiſt mettre l'Armée en Battaille, comme pour aller au Combat, & marcher quelque Temps, & puis recommencer leur Chemin, les faire mettre à groſſes Files, & arrivant à un Quart de Lieu près du Logis ſe remettre en Bataille comme au partir. Les Effeᴄts deſſusdiᴄts au Séjour de l'Armée la mettront du tout en Regle, & apprendront à un chaſcun ce qu'ils auront à faire pour ce Reſpeᴄt.

Auſſɪ, avant que marcher en Campaigne, il faut faire entendre aux Chefs ce qui aura eſté arreſté & ordonné, afin qu'ils ne prétendent cauſe d'Ignorance, & les faſſent obſerver, où ſont

com-

comprifes en cela les Loix Militaires, comme de fe tenir chafcun en fon Rang, & ne fe desbander de fon Enfeigne;

ESTANT l'Armée prefte à marcher, fe faut bien enquerir du Chemin, & ne fe fier à un feul Guyde ou Guydes; car, ils fe trompent fouvent, n'entendant le Poids de l'Artillerie, ny Embarraffement du Bagage : & ne faut craindre quelquefois de s'eflonguer d'une demy ou une Lieuë pour prendre un Chemin fec, & faire qu'on pourvoye pour la Conduite ayfée de l'Artillerie; car, elle arrefte tout de mefme, & faire, s'il eft poffible, qu'il y aye trois Chemins, l'un pour les Gens de Cheval, l'autre pour l'Artillerie & Gens de Pied, & le tierce pour le Bagage : qui eft une grande Expédition pour marcher & bien ayfé à mettre en Ordre les Bataillons & Efcadrons; car, quand le Bagage eft pefle mefle il y a de la Difficulté & Confufion.

PAR-QUOY, il faut envoyer, fi l'on a Loyfir, un Jour devant recognoiftre les Chemins, ou Partyes d'yceux le plus loing que l'on pourra, par Perfon-

ſonnage entendu, avec un Commiſſai-
re de l'Artillerie & Pioniers , pour
les faire accommoder, rabiller les Ponts
& Paſſages, ouvrir la Campaigne s'il
y a des Foſſez pour faire les trois Chemins ſus - dicts, plus ou moins, ainſi
que l'on aura le Temps & la Seureté.

FAUT avoir donné Advis, de bonne
Heure, aux Commiſſaires des Vivres,
du Deſlogement, & leur faire entendre le Chemin que l'on yra, afin d'y
faire dreſſer les Vivres; &, ſi l'on
eſt au Pays de l'Ennemy, voir s'il leur
faudra Eſcorte: car, il y faut ſur-tout
prendre garde au Commencement, à
l'Acheminement, & garder qu'il n'y
en aye Faute en une Armée; car, cela donne mauvaiſe Réputation, qu'il
y aura des Deffauts en d'autres Choſes
& deſcourage le Soldat, qui ſouvent
eſt mal adviſé & inconſidéré , & eſt
cauſe de ce qu'il ne doit.

DE's le Soir devant que marcher ,
faut advertir les Chefs des Trouppes
de ſe tenir preſts, & leur donner ou
repeter l'Ordre qu'ils auront à tenir ,
& à quelle Heure ils doivent partir,
& ſelon cela faire ſonner la Trompette

te ou battre aux Champs , chafcun à
fon Quartier, fans que les autres ayent
à fe remuer qu'à l'Heure qui leur
fera ordonnée : & faut que tousjours ,
& mefmes quand on eft fur un Deflogement, il y aye un de la Part de
chafcun Regiment près du Marefchal
de Camp pour entendre ce qu'ils auront à faire; car , fi tous deflogent à
un coup, à fçavoir l'Avantgarde, Battaille, & Arrieregarde, ce ne pourroit eftre fans Confufion, & faut que
les derniers donnent Temps aux premiers de marcher.

FAUT auffi , que les Compaignies qui
devront eftre de Guet de Jour ou de
Nuict, foyent advertis de partir au
Temps que les Marefchaux de Camp
marcheront , afin qu'incontinent qu'ils
feront arrivez où l'on veut faire l'Affiette du Camp, on les envoye repaiftre pour après eftre plus prefts à
faire leur Devoir.

DE mefmes auffi deux ou trois Compaignies de Chevaux-legers pour incontinent repaiftre à l'Arrivée de
l'Affiette, afin que quand toute l'Armée fera arrivée & empefchée pour fe
loger, & aller au Fourage , lefdits
Che-

Chevaux-legers ayent repeu, & puissent aller baftre l'Estrade au loing, afin d'estre adverty si l'Ennemy marchoit, & garder que l'Armée ne foit furprinfe, ny les Logis qui pourroient estre efcartez ou fouragez.

Le Général de l'Armée, & les principaux Chefs, ayant eu la Prévoyance de fçavoir fi l'Ennemy eft plus fort de Cavallerie ou d'Infanterie, ou s'il luy peut venir quelque Secours, faudra délibérer fur la Façon qu'on devra marcher, & quel Chemin on aura à prendre, felon la Qualité des Forces de l'Ennemy : s'il eft plus fort de Gens de Pied prendre la Campaigne; fi c'eft de Gens de Cheval, prendre les Coutaux, & Pays fort, ou mettre un Ruiffeau à Cofté pour n'eftre enveloppé d'ycelle : & eft à noter, que communement le plus fort de Gens de Cheval fait quafi la Loy aux autres.

Faut faire Eftat de partir tousjours de bon Matin, afin de loger de bonne Heure, pour avoir Temps de recognoiftre les Advenuës & Affietttes de l'Armée, fçavoir & defcouvrir l'Ennemy, pourvoir aux Inconveniens qui

pour-

pourroient advenir, faire faire les Tranchées, & avoir Temps d'aller au Fourage.

ET est à noter, qu'il faut sur-tout éviter, tant que l'on pourra, de ne loger l'Armée, de Nuict. Car, il advient plusieurs & tels Desordres, que l'Armée n'a Ressource de deux Jours après, & ne peut on desloger le Lendemain. Car, la pluspart de l'Armée n'a séjourné, dormy, ny repeu, & une Infinité d'autres Incommoditez, qui ne se voyent quasi point & sont d'Importance. Comme, au contraire, logeant de Jour, l'on va ayfément au Fourage, on trouve des Vivres pour repaistre, & si logeant de bonne Heure, le Soldat a Temps de se reposer & rafraisschir, & peut-on partir à Minuict, pour faire une bonne Traite, & ne faut pour advancer l'Armée de demy ou une Lieuë loger de Nuict; car l'un en gaigne pour le Lendemain trois fois autant. Par-quoy, les Mareschaux de Camp doivent solliciter toutes les Trouppes, & Chefs, de partir à bonne Heure, & au Temps qui leur sera ordonné.

— C'EST une Chose bonne, honnorable,

ble, & agréable à l'Homme de Guerre, & qui donne quelque fois Effroy à l'Ennemy, de porter les grands Eftandarts & Guydons, quand l'Armée marche, comme auffi quand il y a Trouppes, qui vont à la Guerre : car un Homme d'Honneur ne le veut abandonner, d'autant qu'il y a Serment, & craint Reproche,

LE Marefchal de Camp doit donner l'Heure à celui qui a la Charge des Trompettes du Général & Chef de l'Avantgarde, pour fonner Boutte-Selle.

ET d'autant qu'il faut que le Marefchal de Camp parte pluftoft que l'Avantgarde ny Battaille, & qu'il eft près du Général & autres Trouppes qui ne deflogent quand & luy, fera fonner fa Sonodine, pour faire monter à Cheval ceux qui doivent aller avec luy & fes Compaignies; & s'il n'a Loyfir de partir, pour faire quelque Depefche ou Commandement, ou pour parler au Général avant fon Partement, il envoyera fes Trouppes à la Place qui eft derriere l'Artillerie avec fa Cornette, qu'il faut qui foit remarquée, pour les trouver s'il eft

be-

besoing, ou pour attendre quelque Espace de Temps, qu'un chascun de ceux qui doivent aller avec luy, soient assemblés, comme les Compaignies qui doivent faire le Guet le Jour & Nuict subsequent, les trois Compaignies de Chevaux-legers, les Mareschaux de Logis des Régimens & Compaignies, un Commissaire des Vivres, & surtout un ou deux Commissaires de l'Artillerie, & des extraordinaires Officiers & Gens de Mestier, avec bon Nombre de Pionniers, pour accommoder les trois sus-dicts Chemins & Ponts qui seront nécessaires de-là, où on aura rabillé le Jour precedent jusques à l'Assiette.

FAUT qu'il advertisse le Coronnel & Mestres de Camp de Gens de Pied de l'Heure de marcher; & si l'on pense rencontrer l'Ennemy, qu'il se fasse bailler cinq ou six cens Harquebuziers pour le suivre, pour les Affaires qui pourroient advenir.

APRE's les Gens de Pied doit marcher l'Artillerie & Munitions d'ycelle, lesquelles sont accompaignées tousjours des Suisses, qui en ont la Garde: tout du long du Train & le Gros des-dicts Suisſes va après, ſelon leur Ordonnance ; car, il ne leur faut pas guéres apprendre de leur Meſtier, d'autant qu'ils ſont Obſervateurs de leurs Regles & Charge, mais leur donner Advis de ce que l'on veut qu'ils faſſent.

S'IL y a Avantgarde, c'eſt Choſe claire, qu'il faut qu'elle marche la premiere de meſme Ordre.

QUAND le Mareſchal de Camp eſtimera, que ceux qui doivent aller avec luy, ſeront aſſemblez, il ſortira avec toutes ſes Trouppes hors du Camp, où le Coronnel de Chevaux-legers ſe doit trouver, & là deſpartir deux ou trois Compaignies des ſiens, avec des Capitaines experimentez, qui aillent du Coſté de l'Ennemy ; meſme s'il y en a par le Flanc de l'Armée, ou derriere, en des Villes fortes, pour garder que l'Ennemy ne vienne courir ſus l'Armée, & tenir Eſcorte au Deſlogement, tant que le Camp marchera, faiſant touſjours bonne Garde du Coſté de l'Ennemy, juſques à ce que l'Armée ſoit logée & le Camp aſſis ; ayant touſjours la Veuë à l'Arrieregarde, qui doit ſerrer le Camp, afin qu'ils ſe puiſſent ſecourir l'un à l'autre, & que

en-

entre deux l'Ennemy ne puiſſe courir
ſus ceux qui marchent , ou donner à
l'Armée.

ET ſi les Ennemis eſtoient ſi forts ,
qu'il fuſt Crainte qu'ils puiſſent porter
Dommage par le Coſté , ou ſur la
Queuë , car s'il eſt ſage , il ne ſe met-
tra jamais à la Teſte , de peur d'y
tomber des Deſpens , faut que le Coronnel de la Cavallerie-legere avec ſa
Trouppe , faſſe ce qu'il a eſté dict par
les trois ſus - dictes Compaignies ,
afin de tenir tousjours l'Armée en Seureté , & ſans Allarme ; & pourra faire
repaiſtre la Moitié de ſa Trouppe en
quelque Village à demy Chemin la
Bride à l'Arçon , & l'autre Moitié tiendra cependant Eſcorte pour en faire de
meſme par après , juſques à ce que toute la File de l'Armée ſoit paſſée ſans
Allarme ; car , cela deſtourne grandement les Trouppes qui marchent.

FERA reſerrer les Desbandeurs , Pi-
coureurs , & Fourageurs , le Camp
marchant , non-ſeulement pour la Seureté d'yceux , & pour le Dommage qu'ils
peuvent porter en deſcouvrant l'Eſtat
de l'Armée eſtant pris , mais pour l'Honneur d'yceluy.

LE Mareſchal de Camp laiſſera Per-
M 2 ſonna-

fonnages de Qualité & de fes Aydes avec un de ceux qui auront efté le Jour precedent recognoiftre les trois Chemins, dont ils auront defdié celuy qui fera le plus près des Ennemis pour la Gendarmerie, & Gens à Cheval, & feront prendre à un chafcun le Chemin qui leur fera baillé, faifant acheminer les Gens à Pied François, & puis le Train de l'Artillerie par le Chemin du Milieu, chafcun à fon Rang l'Avantgarde la premiére, & à Heure dicte & la Battaille de mefme; & pour le refpect de l'Arrieregarde s'il en a, ou ceux qui la feront, leur faut ordonner de ne partir que quand tout fera acheminé, & preffer ceux qui feront les pareffeux ou nonchalants, & ferrer le Camp & marcher en bon Ordre; car, l'Art de la Guerre porte de donner tousjours à la Queuë de l'Ennemy, & non fur la Tefte, par-quoy il faut que le Chef foit bien advifé, & fa Trouppe lefte, mefme fi l'Ennemy a des Retraites près de-là.

Et, pour le refpect du Bagage, faut qu'il y aye un Lieutenant de Prevoft, avec huiêt ou dix Archers, pour le faire marcher après une Cornette, qui fera remarquée pour le-dict

Ba-

Bagage, & yra à la Teste, & se met-
tra sur le Chemin qui sera ordonné
avec un Trompette pour appeller le-
dict Bagage, & fera suivre par a-
près un chascun avec Chastiment,
s'il y a quelqu'un qui outrepasse ce
qui sera ordonné ; & avoir un de l'Artillerie avec trente ou Quarante Pionniers pour rabiller quelque Pont s'il
venoit à s'enfoncer & rompre. Le-
dict Lieutenant de Prevost demeurera
sur le derriere, pour faire acheminer
un chascun par Ordre ; & est à noter,
que les Suities veullent, que leur Bagage marche devant eux, mais ils ne
s'en chargent guéres.

Le Mareschal de Camp doit avoir
avec luy un Prevost avec des Archers
pour chastier ceux qui auront ou
voudroient outrepasser leurs Rangs,
pour les inconveniens que j'ay dicts ;
& que le Guet, comme c'est tousjours
sa Charge, garde que Personne ne
sorte du Camp, que le-dict Mareschal
de Camp ne soit acheminé, ou qu'il
ne soit envoyé par luy ou autre Supé-
rieur.

Faut que la Battaille suive de près
l'Avantgarde, pour se garder de tomber en des Inconveniens qu'on s'est

M 3

d'au

d'autrefois trouvé pour estre si loing que l'une estoit deffaite sans le Sçeu de l'autre, leur faisant tousjours tenir l'Ordre qui aura esté arresté, pour pouvoir plus aysément se mettre en Battaille, & se secourir.

S'IL estoit possible, ne faudroit laisser aucune Place ennemie aux Espaules ou derriere ; mais, si l'on est contraint, il y faut pourvoir, à sçavoir de choysir quelque Ville, & y mettre des Gens qui leur fassent Teste, ou fortifier quelque Village en belle Assiette avec de bonnes Forces, qui tiendra à Seureté les Vivres & les Marchands volontaires qui yront au Camp.

CAR, il faut que les Chefs & Mareschaux de Camp pourvoyent à toute Seureté de l'Armée, voire mesme de tenir advertis ceux qui yront à la Guerre de l'Estat en quoy ils ont entendu qu'est l'Ennemy, & est à noter de ne le suivre par Voyes incognues.

QUAND le Mareschal de Camp commencera à marcher, faut qu'il envoye devant luy des Avant-Coureurs, avec un Chef sage, experimenté & hardy, afin qu'il puisse rapporter au vray ce qu'il aura veu ou pu apprendre de l'Ennemy,

nemy, & mesme avoir un grand Esgard
quand l'on s'approche des Forces d'y-
celle, & que le Mareschal de Camp
s'advance jusques auprès de ses Coureurs avec des Capitaines pour consul-
ter & voir ce qui est à faire, pour
garder que l'on ne tombe en ses Em-
busches, & donner Advis à l'Armée.
Car, si l'on y envoye quelqu'un par
Faveur, qui ne soit experimenté,
il rapportera une Chose pour autre
en Danger de tomber en quelque Ruyne, & ne sçauroit estre trop advisé
celuy à qui l'on donne Charge d'aller
devant.

Le Mareschal de Camp doit avoir
choysy demy douzaines d'Hommes pour
estre près de luy, afin que s'il advient
quelque Nouveauté en advertir les
Trouppes qui viennent derriere luy,
& le Général, soit pour advancer, ou
pour s'arrester.

S'il y vient Nouvelles que l'Ennemy soit en Campaigne & près, faut
que incontinent il advise de choysir
une Place pour mettre en Battaille l'Armée, & encore envoyer recognoistre
quel Chemin, il y a en avant, pour dis-
poser l'Armée à marcher, selon les
Advis que l'on aura & l'Art de la

M 4

Guer-

Guerre : & si l'Armée avoit commencé à se mettre en Battaille, & qu'il vint Nouvelles que n'estoient que quelques Troupes d'Ennemis qui se seroient retirées, ne faut laisser pour cela de mettre tout en Ordre de Battaille, afin que chascun voye que les Chefs sont soigneux & prevoyans, qui les fait entrer en Réputation, de sorte que les Soldats pensent que toutes Choses yront bien, & marchent en Esperance de faire quelque-chose de Bon de leur Costé ; car, si le commun des Capitaines & Soldats n'ont bonne Opinion des Chefs, ils marchent froidement, & en Danger qu'ils prennent Effroy.

Le Mareschal de Camp estant arrivé au Lieu destiné pour loger l'Armée, doit adviser les Commoditez ou Incommoditez de l'Assiette forte : &, si le Lieu nommé n'est assez bon, en Choysir un autre près de-là, comme a esté dict parlant de la Charge & Office du Mareschal de Camp, pour le Logement ; &, ayant arresté de faire autre Assiette, en advertir le Général & autres Chefs, comme dict est.

Et si le Mareschal de Camp trouve Difficulté à l'Assiette, & qu'elle ne se

puisse

puiſſe faire pluſtoſt , pour quelques
Conſiderations , ou qu'il aye entendu
Nouvelles de l'Ennemy , qu'il faut
conſiderer ou attendre d'autres & pluſieurs Advis ſelon que l'Occaſion ſouf-
frira , envoyera vers le Chef de l'A-
vantgarde , & le Général , luy remonſ-
trer qu'il faut qu'il s'arreſte juſques à
ce qu'il luy donne autre Advis ; ce que
les-dicts Chefs doivent faire.

Le Mareſchal de Camp , eſtant arrivé au Lieu où il veut faire ſon Aſſiette , envoyera la Moitié de deux ou
trois Compaignies de Chevaux-legers ,
qu'il aura mené avec luy , au loing ,
pour ſçavoir des Nouvelles de l'Ennemy , afin d'en eſtre adverti , & n'eſtre
ſurpris , & l'autre Moitié repaiſtre pour
y aller par après que l'Armée ſera aſſi-
ſe. Si le Coronnel de la Cavallerie
n'a marché avec luy , & s'il y eſtoit ,
luy donner la Charge d'y pourvoir , ſelon ce que deſſus , & faire loger de
bonne Heure le Demeurant de la
Cavallerie , afin qu'ils ayent Loyſir de
ſe repoſer & repaiſtre pour ſervir s'il
en eſt beſoing.

Les Compaignies des Mareſchaux de
Camp , comme a eſté dict cy-devant ,

ne

ne font point de Guet, mais c'est à elles à se tenir en Ordre de Battaille, la
Sallade en Teste, la Lance sur la
Cuisse, jusques à ce que toute l'Armée
soit arrivée & logée, & le Camp bien
assis, & que le Guet de Jour les viendra relever ; lequel Guet faut qui
soit fort le Jour que l'on marche, pour
résister aux Courses de l'Ennemy, qu'il
pourroit faire, esperant que chascun
sera empesché à se loger, & aller au
Fourage : & la Partie des trois sus-
dictes Compaignies de Chevaux-legers,
ou autres, & qui auront repeu, mon-
teront à Cheval pour aller au loing,
jusques à la Nuict, pour donner Advis au Guet de Jour, & aux Chefs de
l'Armée & Mareschaux de Camp, s'il
y a Ennemis en Campaigne, & quelles
Forces.

Le Mareschal de Camp ayant ordonné l'Assiette de l'Artillerie, & le Lieu
pour se mettre en Battaille, les Quartiers
d'un chascun, sera très-bon qu'il fasse
faire une Tranchée à la Teste de l'Armée, s'il n'y a Ruisseau, pour les Raisons dictes parlant du Logis de l'Armée, encore que l'on soit le plus fort,
de le faire selon l'Art & Raison de la
Guerre.   LE

LE Marefchal de Camp, avec fes Compaignons & Aydes, fe doit tousjours tenir à Cheval, pour receuillir les Trouppes, & leur faire entendre ce qu'ils ont à faire; doit envoyer quelqu'un au-devant des Chefs de l'Avantgarde & Général de l'Armée, pour leur donner Advis que l'Affiette eft faite.

FAUT ordonner, qu'il y aye tousjours une Tente à l'Artillerie, pour loger les Compaignies qui feront la Garde: comme aufli il feroit bien néceffaire aux Quartiers de Gens de Pied, quand on fejourne; car, il faut que le Marefchal de Camp & Chef ayent l'Oeil à faire conferver la Santé de l'Armée, faire tenir net le Camp là-où on a fejourné. Par ainfi, il faut que l'Eau foit à Commodité, que les Tueries & Ventrailles foyent loing des Quartiers, faire enterrer ou efloigner les Charroignes, qui font les Charges des Prevofts de Camp, qui doivent avoir quelques Pionniers avec un Conducteur, pour cette Exécution, & avoir Soin des Malades, & les faire retirer ou porter aux Villes qui feront là auprès, où il faudra avoir ordonné des Hofpitaux pour les recepvoir & donner à vivre.

NE doit eftre oublié, qu'à la Tefte du Bagage doit marcher tout le premier le Pain pour la Journée, afin d'eſtre diſtribué incontinent que les Gens de Guerre arriveront. Mais, il feroit encore meilleur, que les Gens de Guerre, dès le Soir auparavant, l'euſſent pris pour Lendemain, afin de décharger les Caiſſons & les renvoyer en querir d'autre : car, il faut eſtre ſompineux de la Conduitte, & les Commiſſaires des Vivres prevoyants donnent à toute Heure Advis de ce qui ſe paſſe aux Vivres, meſme de l'Abondance ou Diſette & Moyen de le faire venir; car, par-là, l'on adviſera de faire plus ou moins, ſoit de marcher ou arreſter, ou de quelque Entrepriſe.

Le Mareſchal de Camp, entendant que le Chef de l'Avantgarde, s'il n'eſt là, vient, & le Général arrivant au Camp, ſe doit trouver à l'Entrée, pour luy faire entendre l'Eſtat de l'Armée & ſon Aſſiette, les Commoditez ou Incommoditez, la Providence que l'on y a mis, Nouvelles de l'Ennemy s'il y en a, comme il a envoyé pour en ſçavoir.

Le Général doit, devant que entrer en ſon Logis, recognoiſtre l'Aſ-

ſiette

siette de l'Armée & le Champ de Battaille, comme tous autres Chefs doivent faire, pour là-dessus conferer & adviser ce qui est à faire

APRE's qu'il se sera rafraifchi, & que un chafcun sera logé, faut qu'il confulte & advife avec fes principaux Chefs, fi l'Armée aura à defloger le Lendemain, quel Chemin, & en quel Lieu, felon le Rapport que luy fera le Marefchal de Camp de ce qu'il aura pu apprendre, quelle eft l'Affiete du Pays où l'on doit aller, fi les Vivres y peuvent ayfément venir fans Danger, & fi l'on ne s'efloigne point trop d'yceux, quelle Faute il y aura, & au marcher pour la rabiller.

SUR l'Heure qu'il faudra pofer les Gardes, fera bon que le Général monte à Cheval, & aille au Lieu où eft l'Artillerie, pour voir marcher lesdicts Gardes, que la plufpart doivent paffer par-là, & au-dict Lieu s'affembleront les principaux Chefs & Capitaines; & eft très-bon que le Général fe monftre aux Gens de Guerre, & fe promene par le Camp.

FAUT que les Marefchaux de Camp

vi-

visitent à cest Abord les Gardes la Nuict; car, cela fait tenir les autres par après en Devoir, ne sçachant en quel Jour & Temps viendra le Mareschal de Camp pour les voir & recognoistre : &, quelquefois si le Général veut prendre la Peine d'y aller, il ne sera que bon; car, il fera que un chascun se tiendra en son Devoir non-seulement aux Gardes, mais en toutes autres Choses, sçachant qu'il est prevoyant & soigneux, & donne Exemple aux autres de l'estre.

C'est à noter, que, despuis quarante Ans en deçà, l'on a fait grand Estat des Pionniers, & s'en est-on servi, non-seulement à prendre des Villes & à les fortifier, mais à la Fortification des Tranchées qu'il faut faire en un Camp; & quelquefois s'est trouvé, que, par tels Moyens, l'on a gagné un Advantage sur l'Ennemy, ou l'on s'est gardé de luy, quand il a esté le plus fort, & qu'il a voulu ou pouvoit venir avec grand Advantage au Combat; & faut tenir pour certain, que les-dicts Pionniers sont très-utiles en plusieurs Sortes & Façons, & est besoing d'en avoir bon Nombre & les con-

conferver ; & d'autant que bien fouvent l'on n'en peut recouvrer autant qu'on defire, ou qu'ils fe perdent, ou meurent, il y en a qui font d'Advis, que l'on fift comme les Roys Prédéceffeurs, d'avoir tousjours Trouppe de Lanfquenets, & ne fuffe que trois mille, de la Moitié ou deux Parts defquels vous vous fervez à travailler en Tranchées, en leur donnant quelque Argent, la Moitié devant Midy, & l'autre après: & mille font plus de Befoigne, que ne feront deux mille Pionniers, pour eftre plus gaillards, eftant mieux nourris & traittez, & outre ce il en advient deux Effects. L'un, qu'il ne prennent Argent que le Jour qu'ils travaillent, & le Pionnier le prend tous les Jours ; &, en outre, les Lanfquenets avec les Picques viennent au Combat: & feroit d'Advis, que l'on levaft moins de Pionniers, qui couftent beaucoup au Peuple, foit pour leur bailler Argent d'advance, pour les faire marcher, car ils fe font achetter au Peuple, ou pour les veftir, & encore deux Mois de Paye ; mais, je ferois d'Advis de prendre l'Argent

de

de ceſte Levée, pour payer des Lanſ-
quenets.

ET ſeroit très bon de dreſſer une
Milice, que · nos Soldats François
ſerviſſent au Beſoing, meſme les Pauvres, qui gaigneroient tousjours quelque Teſton; car, il n'y a rien pire
que le Sejour aux Soldats, parce
qu'ils deviennent nonchalants & yvro-
gnes, jouent leur Argent, ſe corrompent
entre eux & s'anéantiſſent. Ce deſſus eſt par Forme d'Advis.

TABLE
DES
OPUSCULES
DIVERS
DU SEIGNEUR DE
BRANTOME.
CONTENUS DANS CE
TREIZIESME TOME.

OPUSCULE I.

OPUS-

OPUS-

TABLE.
OPUSCULE VI.

OPUS-

MAXI-

TABLE

F I N.

BIBLIOTHÈQUE DE L'ARSENAL

www.ingramcontent.com/pod-product-compliance
Lightning Source LLC
LaVergne TN
LVHW021538170726
843501LV00004B/1108